19484

PETIT ABRÉGÉ

DE

GÉOGRAPHIE MODERNE.

AUTRES OUVRAGES DU MÊME AUTEUR.

Traité élémentaire de Cosmographie, à l'usage des classes de français dans les colléges, des institutions et pensions de demoiselles, et des écoles primaires supérieures. 1 vol. in-18, cart.   60 c.

Nouveau Manuel de Civilité chrétienne, contenant un choix d'anecdotes historiques, pouvant servir d'exemples pour l'application des règles de la politesse, à l'usage des institutions et des maisons religieuses d'éducation. 1 vol. in-12, cart.   90 c.

Ouvrage approuvé par NN. SS. les archevêques de Paris et de Sens.

Petite Civilité chrétienne, à l'usage des écoles primaires. 1 vol. in-18, cart.   30 c.

Ouvrage approuvé par NN. SS. les archevêques de Paris et de Sens.

Dictionnaire de la langue française, selon l'Académie ; par MM. Ch. Leroy et Th. Bénard. 1 vol. in-18 de 490 pages, cart.   1 fr. 50 c.

Petit Atlas élémentaire de Géographie moderne, contenant : Cosmographie, Mappemonde, Tableau comparatif de la hauteur des montagnes et du cours des principaux fleuves, Europe, Asie, Afrique, Amérique, Océanie, France par départements, France par provinces, Algérie, Europe centrale, à l'usage des écoles primaires ; par MM. Drioux et Ch. Leroy. 9 cartes coloriées petit in-4°, cart.   2 fr.

Le même, avec 8 cartes muettes (17 cartes), cart.   3 fr.

Atlas élémentaire de Géographie moderne, contenant 11 cartes, qui sont : Cosmographie, Tableau comparatif de la hauteur des montagnes et du cours des principaux fleuves, Mappemonde, Europe, Asie, Afrique, Amérique, Océanie, France par provinces, France par départements et par bassins, Europe centrale, à l'usage des premiers cours dans les institutions et dans les établissements d'instruction publique ; par MM. Drioux et Ch. Leroy. 11 cartes coloriées grand in-4° double, cart.   3 fr. 60 c.

Le même, avec 8 cartes muettes (19 cartes), cart.   5 fr.

PETIT ABRÉGÉ

DE

GÉOGRAPHIE MODERNE,

A L'USAGE

DES ÉCOLES PRIMAIRES;

PAR

M. TH. BÉNARD,

Auteur du *Manuel de Civilité chrétienne*, etc.

PARIS,
LIBRAIRIE CLASSIQUE D'EUGÈNE BELIN,
RUE DE VAUGIRARD, N° 52,
DERRIÈRE LE SÉMINAIRE DE SAINT-SULPICE.

—

1854.

PROPRIÉTÉ.

Eug. Belin

SAINT-CLOUD. — IMPRIMERIE DE Mme Ve BELIN.

AVERTISSEMENT.

Nous avons cherché, dans ce petit livre destiné aux écoles primaires, à présenter d'une manière simple et claire les notions les plus exactes et les plus utiles sur la géographie.

Le plan que nous avons adopté, le soin que nous avons pris de ne rien omettre d'important, de ne rien admettre qui ne pût facilement être compris des jeunes enfants, de classer méthodiquement les objets afin qu'ils se les retracent dans la mémoire, dans l'ordre qu'ils doivent occuper, tout nous fait espérer que ce petit *Abrégé de Géographie* sera favorablement accueilli.

Nous avons donné à la géographie de la France plus de détails qu'à la géographie des autres nations, car c'est celle qu'il nous importe le plus de connaître. Nous y avons introduit quelques notions sur le gouvernement, l'agriculture, le commerce, etc., et nous n'avons point omis de faire connaître, par une nomenclature complète, tous les chemins de fer

AVERTISSEMENT.

qui sillonnent aujourd'hui la France et qui occupent une si grande place dans l'industrie.

Enfin nous avons placé à la fin de chaque chapitre, ou plutôt de chaque leçon, un questionnaire détaillé, cette méthode étant très-propre à graver dans l'esprit de l'enfant ce qu'il vient d'apprendre.

Pour diriger notre travail nous avons eu recours à l'atlas de MM. Drioux et Leroy, qui est d'une clarté et d'une précision remarquable. Nous recommandons à ceux qui voudront étudier avec fruit, de consulter le petit Atlas élémentaire qui est parfaitement conforme à notre petit Abrégé de géographie.

PETIT ABRÉGÉ

DE

GÉOGRAPHIE MODERNE,

A L'USAGE DES ÉCOLES PRIMAIRES.

NOTIONS PRÉLIMINAIRES (1).

1. De la terre.

La géographie est la description de la terre.

La terre a quarante mille kilomètres de circonférence et environ treize mille d'épaisseur, elle est à peu près ronde ; sa forme est celle d'un globe un peu aplati aux extrémités supérieure et inférieure.

Afin de déterminer d'une manière positive la position des différentes parties de la terre, on a imaginé quatre points qui ont été nommés *cardinaux*. Ces points sont : — le *nord* ou *septentrion* ; le *sud* ou *midi*, à l'opposé ; — le *levant*, *orient* ou *est*, qui est l'endroit où le soleil semble se lever ; — le *couchant*, *occident*

---

(1) Voyez dans notre *Traité élémentaire de Cosmographie* les chapitres relatifs à la terre.

ou *ouest*, le point où cet astre paraît se coucher.

Le nord est le point que l'on a devant soi quand à sa droite on a le levant, et à sa gauche le couchant.

Entre ces quatre points principaux, il y a quatre points *collatéraux :* le *nord-est*, entre le nord et l'est ; — le *nord-ouest*, entre le nord et l'ouest ; — le *sud-est*, entre le sud et l'est ; — le *sud-ouest*, entre le sud et l'ouest.

Sur les cartes ordinaires, l'est se trouve à droite, l'ouest à gauche, le nord en haut, le sud en bas.

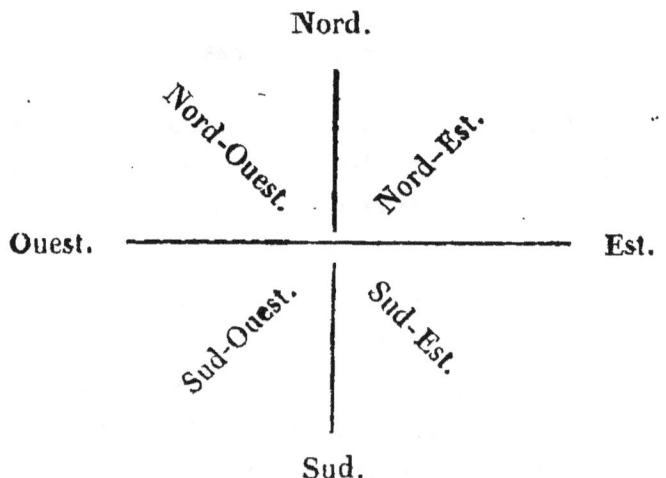

La terre tourne sur elle-même. La ligne imaginaire sur laquelle elle opère son mouvement de rotation s'appelle *axe*.

Les deux extrémités de l'axe sont les *pôles*. Le pôle qui est placé au nord se nomme *pôle arctique*, celui qui est placé au sud se nomme *pôle antarctique*. Les pôles sont couverts d'énormes masses de glaces qui les rendent inhabitables.

L'*équateur* est un grand cercle qui se trouve à égale distance des deux pôles et qui partage le globe en deux moitiés ou *hémisphères*.

On nomme aussi l'équateur *ligne équinoxiale*, parce que les pays qui l'avoisinent ont toujours l'*équinoxe*, c'est-à-dire autant de jour que de nuit.

Questionnaire. — Qu'est-ce que la géographie ? — Quelle est la circonférence de la terre ? Quelle est son épaisseur ? Quelle est sa forme ? Combien y a-t-il de points cardinaux ? Quels sont-ils ? Qu'est-ce que le nord ? le sud ? le levant ? le couchant ? Combien y a-t-il de points collatéraux ? Qu'est-ce que le nord-est ? le nord-ouest ? le sud-est ? le sud-ouest ? Où place-t-on les points cardinaux sur les cartes ? Qu'est-ce que l'axe de la terre ? Qu'est-ce que les pôles ? Nommez-les. Qu'y a-t-il aux pôles ? Qu'est-ce que l'équateur ? Pourquoi nomme-t-on aussi l'équateur ligne équinoxiale ?

2. Des cinq parties du monde.

La terre se divise en cinq parties qui sont : l'*Europe*, l'*Asie*, l'*Afrique*, l'*Amérique* et l'*Océanie*.

On les appelle les cinq parties du monde.

Les trois quarts de la surface du globe sont couverts d'eau : les plus grands espaces de terre qu'on puisse parcourir sans traverser les mers s'appellent *continents*.

Il y a trois continents :

L'Europe, l'Asie et l'Afrique forment l'*ancien continent*.

L'Amérique, découverte en 1492 par Christophe Colomb, forme le *nouveau continent*, qu'on appelle aussi le *Nouveau-Monde*.

L'Australie ou Nouvelle-Hollande, qui est renfermée dans l'Océanie, forme le troisième continent appelé *continent austral* (1).

L'ancien et le nouveau monde, dans lequel on comprend l'Océanie, forment les deux hémisphères ; dans le nouveau monde on comprend souvent l'Océanie qui est appelée aussi *monde maritime*.

Questionnaire. — Comment divise-t-on la terre ? Nommez chacune des cinq parties. La plus grande partie du globe est-elle couverte d'eau ? Qu'est-ce qu'un continent ? Combien y a-t-il de continents ? Quelles sont les parties du monde qui forment l'ancien continent ? Quelle est celle qui forme le nouveau continent ? — le continent austral ? Qu'est-ce qui forme les deux hémisphères ?

3. De l'Océan.

On donne le nom d'*océan* ou de *mer* à la vaste étendue d'eau salée qui couvre la plus grande partie du globe.

On appelle encore *mers* diverses parties de l'océan, auxquelles on a donné des noms particuliers.

On divise l'Océan en cinq parties principales : l'Océan Atlantique, le Grand-Océan, l'Océan Indien, l'Océan Glacial du nord et l'Océan Glacial du sud.

L'*Océan Atlantique* s'étend entre l'Europe

---

(1) Bien que la Nouvelle-Hollande soit une île, on l'appelle continent à cause de sa grande étendue.

NOTIONS PRÉLIMINAIRES.

et l'Afrique d'un côté et l'Amérique de l'autre;

Le *Grand-Océan* entoure presque toutes les terres de l'Océanie, et s'étend entre l'Asie et l'Amérique;

L'*Océan Indien* baigne le sud de l'Asie; l'*Océan Glacial du nord* entoure le pôle nord; enfin l'*Océan Glacial du sud*, dans lequel on ne connaît aucune terre habitée, entoure le pôle sud.

L'Océan Glacial du nord s'appelle aussi *Océan Glacial arctique*, ou *mer Glaciale boréale;*

L'Océan Glacial du sud s'appelle aussi *Océan Glacial antarctique*, ou *mer Glaciale australe*. Ces deux Océans prennent encore le nom de *mers glaciales*.

Le Grand-Océan, ainsi nommé parce qu'il est le plus grand du globe, prend encore le nom d'*Océan Pacifique* et de *Mer du sud*.

Questionnaire.—Qu'est-ce que l'océan ou la mer? Qu'appelle-t-on encore mers? En combien de parties principales divise-t-on l'Océan? Nommez les cinq parties. Quelles sont les parties du monde baignées par l'Océan Atlantique?— par le Grand-Océan?—par l'Océan Indien? — par l'Océan Glacial du nord? — par l'Océan Glacial du sud? Quels noms prend encore l'Océan Glacial du nord? — L'Océan Glacial du sud? — Le Grand-Océan?

4. Des mers.

Des cinq Océans principaux naissent toutes les mers particulières.

L'Océan Glacial arctique forme trois petites mers : la *mer de Kara*, au nord de l'Asie; la *mer Blanche*, au nord de l'Europe; la *mer Polaire*, au nord de l'Amérique.

L'Océan Glacial antarctique ne forme aucune mer.

L'Océan atlantique forme dix mers particulières; cinq en Europe qui sont : la *mer du Nord*, la *mer Baltique*, la *mer de la Manche*, le *golfe de Gascogne* ou *mer de Biscaye*, et la *Méditerranée* subdivisée en plusieurs mers intérieures, dont la principale est la *mer Noire*.

Cinq dans l'Amérique du nord qui sont : la *mer de Baffin*, la *mer* ou *baie d'Hudson*, la *mer des Esquimaux* au nord de Terre-Neuve, le *golfe* ou la *mer du Mexique*, et la *mer des Antilles*.

L'Océan Indien forme trois mers intérieures ou grands golfes : la *mer* ou le *golfe de Bengale*, la *mer d'Arabie* ou *golfe d'Oman*, et la *mer Rouge* ou *golfe Arabique*.

Le Grand-Océan forme six petites mers remarquables à l'est de l'Asie, du nord au sud : la *mer de Behring*, la *mer d'Okhostk*, la *mer du Japon*, la *mer Jaune* ou *de Corée*, la *mer Bleue* ou *Orientale* et la *mer de la Chine*.

On appelle *mers sans issue* les mers qui n'ont aucune communication avec d'autres mers. La *mer Caspienne*, située entre l'Europe et l'Asie, est la plus grande de ces mers.

On appelle *mer intérieure* ou *Méditerranée*, une grande portion de mer qui s'enfonce dans l'intérieur des terres. La mer Méditerranée qui pénètre dans l'ancien continent est la plus considérable de ces mers.

NOTIONS PRÉLIMINAIRES. 43

Questionnaire.—Quelles sont les mers formées par l'Océan Glacial arctique?— Par l'Océan Glacial antarctique? Par l'Océan Atlantique? Par l'Océan Indien? Par le Grand-Océan? Qu'est-ce qu'une mer sans issue? Quelle est la plus grande de ces mers? Qu'est-ce qu'une mer intérieure ou Méditerranée?

DÉFINITION

DES PRINCIPAUX TERMES GÉOGRAPHIQUES.

1. Contrée, détroit, golfe.

Une *contrée* est une certaine étendue de pays, ordinairement soumise au même gouvernement.

Un *détroit* est une partie de mer resserrée entre deux terres, et qui sert de communication entre deux mers, comme le détroit de *Gibraltar*, au midi de l'Espagne, qui forme communication entre l'Océan et la Méditerranée.

Les détroits les plus resserrés sont appelés *pas, pertuis, bosphore*. Tels sont le *Pas-de-Calais* entre la France et l'Angleterre, le *pertuis d'Antioche* entre l'île de Ré et l'île d'Oléron, le *Bosphore de Thrace* (détroit de Constantinople) qui unit la mer Noire à la mer de Marmara.

Un *bras de mer* est plus large qu'un détroit.

Une *manche* est un bras de mer dont l'une des issues va en se rétrécissant. Tel est le bras de mer qui se trouve entre la France et l'Angleterre.

Un *golfe*, une *baie*, une *anse*, une *rade*, sont des parties de mer qui s'avancent dans les terres. Les *ports* ou *havres* sont des avancements plus petits propres à servir d'asile aux navires. Quelquefois on a donné le nom de golfe ou de baie à des mers et le nom de mer à des golfes.

Questionnaire.—Qu'est-ce qu'une contrée?—Un détroit?—Un pas?—Un bosphore?—Un bras de mer?—Une manche?—Un golfe?—Une baie?—Une anse?—Une rade?—Un port ou havre?

2. Ile, presqu'île, isthme, cap.

Une *île* est une terre entourée d'eau de tous côtés. La réunion de plusieurs îles forme un *groupe d'îles*, la réunion de plusieurs groupes forme un *archipel*.

Le plus grand archipel du globe est l'*archipel de la Sonde* (îles de la Sonde) au nord-ouest de la Nouvelle-Hollande.

Le plus grand archipel de l'Asie est le *Japon*, au nord-est.

Le plus grand de l'Europe est l'*archipel Britannique* (îles Britanniques) au nord-ouest.

Le plus grand de l'Afrique est l'*archipel de Madagascar*, dans l'Océan Indien.

Le plus grand de l'Amérique est l'*archipel des Antilles*, dans l'Océan Atlantique.

La plus grande île de l'Asie est celle de *Niphon*, dans l'archipel du Japon.

La plus grande de l'Europe est la *Grande-Bretagne*, dans l'archipel Britannique; le sud de cette île s'appelle *Angleterre*, et le nord *Ecosse*.

La plus grande de l'Afrique est l'île de *Madagascar*, qui donne son nom à l'archipel de Madagascar.

La plus grande de l'Amérique est le *Groënland*, au nord; viennent ensuite l'île de *Cumberland* et l'île de *Terre-Neuve*.

Une *presqu'île* ou *péninsule* est une terre presque entourée d'eau, et qui ne tient au continent que d'un seul côté. La plus grande presqu'île du monde est l'Afrique.

Un *isthme* est une langue de terre très-étroite et resserrée entre deux mers. Les deux isthmes les plus remarquables sont l'*isthme de Suez* qui joint l'Afrique à l'Asie, et l'*isthme de Panama* qui joint les deux Amériques.

Un *cap* est une pointe de terre qui s'avance dans la mer; s'il est élevé, on l'appelle *promontoire;* si au contraire il est peu élevé, il prend le nom de *pointe* ou de *bec*. Le *cap de Bonne-Espérance*, au sud de l'Afrique, et le *cap Horn*, au sud de l'Amérique, sont les deux plus remarquables.

Questionnaire.—Qu'est-ce qu'une île? — Un groupe d'îles? — Un archipel? Quel est le plus grand archipel du monde? — De l'Asie? — De l'Europe? — de l'Afrique? — De l'Amérique? Quelle est la plus grande île de l'Asie? — De l'Europe? — De l'Afrique? — De l'Amérique? Qu'est-ce qu'une presqu'île ou péninsule? Quelle est la plus grande presqu'île du monde? Qu'est-ce qu'un isthme?

Quels sont les isthmes les plus remarquables ? Qu'est-ce qu'un cap ? — Un promon- toire ? Quels sont les caps les plus remarquables ?

3. Montagne, plaine, désert.

Une *montagne* est une grande élévation de terre. Une chaîne de montagnes est la réunion de plusieurs montagnes qui occupent une longue étendue.

Les plus hautes montagnes du globe sont les monts *Himalaya* en Asie. Leur plus grande élévation est de sept mille huit cent vingt mètres au-dessus du niveau de la mer.

Après l'Himalaya, les plus hautes montagnes sont les *grandes Cordillères*, à l'ouest de l'Amérique du Sud. Leur plus grande élévation est de sept mille six cent quatre-vingt-seize mètres.

Les plus hautes montagnes de l'Europe sont les *Alpes*.

Les montagnes les plus remarquables de l'Afrique sont celles de l'*Atlas*.

Un *pic* ou *puy* est une montagne qui s'élève en forme de cône (de pain de sucre).

On appelle *passages* les enfoncements qui se trouvent entre les sommets des montagnes.

Si ces passages sont très-étroits, on leur donne le nom de *pas*, de *cols*, de *gorges* et de *défilés*.

Un *val* est une gorge très-étroite, mais fort prolongée.

Une *vallée* est l'espace uni qui sépare deux montagnes.

NOTIONS PRÉLIMINAIRES.

Un *vallon* est une petite vallée.

Quand une éminence de terre ne s'élève pas à 600 mètres, on lui donne les noms de *colline, cône, monticule, tertre* ou *butte*.

Un *volcan* est une montagne qui vomit, par une large ouverture, des tourbillons de flammes et des torrents de laves ou matières fondues. L'ouverture du volcan est appelée *cratère*.

Les *plaines* sont des espaces de terre plats et réguliers, dont la surface est à peu près unie et horizontale.

Les *plateaux* désignent ordinairement des espaces élevés, entourés de tous côtés par des hauteurs.

Un *désert* est une étendue de terre inhabitée et ordinairement stérile.

Le plus grand désert du monde est le *Sahara* ou *grand désert*, en Afrique.

Une *oasis* est un endroit fertile au milieu d'un désert de sables.

Questionnaire.—Qu'est-ce qu'une montagne ? — Une chaîne de montagnes ? Quelles sont les plus hautes montagnes de l'Asie ?—De l'Europe ?—De l'Afrique ? Qu'est-ce qu'un pic ou un puy ? Qu'est-ce qu'un volcan ?— Un cratère ? Qu'est-ce qu'une plaine ? — Un plateau ? Qu'est-ce qu'un désert ? Quel est le plus grand désert du monde ? Qu'est-ce qu'une oasis ?

4. Lac, fleuve, rivière, cataracte.

Un *lac* est une grande étendue d'eau entourée de terre de tous côtés. Les mers sans issue peuvent être considérées comme des lacs. Le plus grand lac du monde est la *mer Caspienne*.

Après la mer Caspienne, les plus grands lacs sont : en Amérique, le lac *Supérieur*, dans l'Amérique du Nord ; en Afrique, le lac *Tchad* ; en Asie, le lac ou la mer d'*Aral*, à l'est de la mer Caspienne ; en Europe, le lac *Ladoga*, à l'est de la mer Baltique.

Un *marais* est un amas d'eau peu profond, et souvent parsemé de plantes aquatiques.

Un *étang* est un petit lac peu profond qui se dessèche quelquefois, ou bien c'est un lac artificiel, c'est-à-dire creusé par la main des hommes.

Un *fleuve* est un cours d'eau considérable qui se jette dans la mer.

Une *rivière* est un cours d'eau qui se jette dans un fleuve ou dans une autre rivière.

Un *ruisseau* est un petit courant d'eau.

Un *torrent* est un cours d'eau impétueux, mais peu considérable, ordinairement produit par les pluies ou par la fonte des neiges, et qui se dessèche pendant l'été.

On appelle *source* le lieu où un cours d'eau commence, et *embouchure* le lieu où il se perd dans d'autres eaux.

On appelle *confluent* l'endroit où se réunissent deux cours d'eau ; et *affluent* un cours d'eau qui se jette dans un autre et qui perd son nom.

On appelle *rivage* ou *rive* les terres entre

lesquelles s'étend un cours d'eau ; on les distingue en *rive droite* et *rive gauche*, selon leur position par rapport à la personne qui suit le courant. Les parties de terre qui sont baignées par la mer ou qui l'avoisinent s'appellent *côtes*.

Une *cataracte* ou *chute* est l'endroit où un fleuve, une rivière, un torrent, tombe d'une grande hauteur; si cette chute est peu considérable on l'appelle *cascade*.

Questionnaire.— Qu'est-ce qu'un lac? Quel est le plus grand lac du monde? Quels sont les plus remarquables? Qu'est-ce qu'un marais? — Un étang? Qu'est-ce qu'un fleuve? — Une rivière? — Un ruisseau? — Un torrent? Qu'est-ce qu'une source? — Une embouchure? Qu'est-ce qu'un confluent et un affluent? Qu'appelle-t-on rivage ou rive?— Rive droite et rive gauche? Qu'est-ce qu'une côte? Qu'est-ce qu'une cataracte?— Une cascade?

EUROPE.

DESCRIPTION PHYSIQUE DE L'EUROPE
(253,000,000 d'habitants).

1. Étendue et bornes de l'Europe.

Des cinq parties du monde l'Europe est la moins étendue, elle n'a que 3,900 kilomètres de longueur sur 3,500 de largeur, mais elle est la plus importante sous le rapport de la puissance, du commerce et de la civilisation.

Ses bornes sont: au nord l'*Océan Glacial Arctique*, au sud la mer *Méditerranée*, à l'ouest l'*Océan Atlantique*, à l'est la mer *Caspienne* qui est une espèce de grand lac, les monts *Ourals* et la rivière de *Kara*.

Questionnaire. — Quelle est l'étendue de l'Europe en longueur? en largeur? — Quelles sont les bornes de l'Europe au nord? — au sud? — à l'ouest? — à l'est?

2. Mers.

L'Europe est baignée par trois grandes mers qui sont: l'*Océan Glacial Arctique*, au nord; l'*Océan Atlantique*, à l'ouest; la *Méditerranée*, au sud.

Ces trois mers principales en forment quinze petites.

L'Océan Glacial en forme deux: la mer de *Kara* et la mer *Blanche*.

L'Océan Atlantique en forme six: la mer

DESCRIPTION PHYSIQUE.

Baltique, la mer du *Cattégat*, la mer du *Nord* ou d'*Allemagne*, la mer d'*Irlande*, la *Manche* et la mer de *Biscaye*, appelée aussi *Golfe de Gascogne*.

La Méditerranée en forme sept : la mer de *Toscane* et de *Sicile*, la mer *Adriatique*, la mer *Ionienne*, l'*Archipel* ou mer *Egée*, la mer de *Marmara*, la mer *Noire*, la mer ou golfe d'*Azof*.

On doit ajouter la mer *Caspienne*, qui, ne communiquant avec aucune autre mer, est plutôt un grand lac.

Questionnaire. — Par quelles mers l'Europe est-elle baignée ? Quelles mers forme l'Océan Glacial Arctique ? Quelles mers forme l'Océan Atlantique ? Quelles mers forme la Méditerranée ?

3. Détroits.

Les mers de l'Europe communiquent entre elles par quatorze détroits, dont cinq au nord qui sont :

Le détroit de *Waigatz*, dans l'Océan Glacial Arctique, au nord de la Russie; le *Sund*, le *Grand-Belt* et le *Petit-Belt*, qui font communiquer la Baltique avec la mer de Cattégat; le *Skager-Rack*, qui joint le Cattégat à la mer du Nord.

Trois dans l'Océan Atlantique, qui sont :

Le *Pas-de-Calais*, qui unit la mer du Nord à celle de la Manche; le canal de *Saint-Georges*, qui fait communiquer la mer d'Irlande avec l'Océan ; le détroit de *Gibraltar*, qui unit la Méditerranée à l'Océan.

Six dans la Méditerranée, qui sont :

Le détroit de *Bonifacio*, entre la Corse et la Sardaigne ; le phare de *Messine*, qui joint la mer de Sicile à la mer Ionienne ; le canal d'*Otrante*, qui joint la mer Ionienne à la mer Adriatique ; le détroit des *Dardanelles*, qui joint l'Archipel à la mer de Marmara ; le canal de *Constantinople*, qui joint la mer de Marmara à la mer Noire ; le détroit d'*Enikalé*, qui joint la mer Noire à la mer d'Azof.

Questionnaire. — Combien y a-t-il de détroits principaux en Europe ? Combien au nord ? Quels sont-ils ? Combien dans l'Océan Atlantique ? Nommez-les. Combien dans la Méditerranée ? Citez-les.

4. Golfes.

Il y a en Europe douze golfes principaux.

La mer Baltique en forme trois : celui de *Botnie* au nord, celui de *Finlande* à l'est, et celui de *Riga* ou de *Livonie* au sud de ce dernier.

La mer du Nord forme le *Zuyderzée* en Hollande.

L'Océan Atlantique forme le canal ou la manche de *Bristol* au sud-ouest de l'Angleterre.

La Méditerranée en forme quatre : celui de *Valence*, celui du *Lion*, celui de *Gênes* et celui de *Tarente*.

La mer Ionienne deux : le golfe d'*Asti* et celui de *Lépante*.

DESCRIPTION PHYSIQUE.

Enfin l'Archipel forme le golfe de *Salonique*.

Questionnaire. — Combien y a-t-il en Europe de golfes principaux ? Citez-les. Combien la mer Baltique en forme-t-elle ? Citez-les. Quel est le golfe que forme la mer du Nord ? — L'Océan Atlantique ? Combien la Méditerranée forme-t-elle de golfes ? Nommez-les. Citez ceux qui sont formés par la mer Ionienne ? Quel est celui qui est formé par l'Archipel ?

5. Iles.

Toutes les mers de l'Europe renferment un très-grand nombre d'îles; mais on peut classer les îles principales ou les principaux groupes de la manière suivante :

Cinq dans l'Océan Glacial, le *Spitzberg*, la *Nouvelle-Zemble*, l'île de *Vaigatz*, l'île de *Kalgouef* et les îles *Loffoden*.

Quatorze dans l'Océan Atlantique, dont trois grandes, qui sont : l'*Islande*, la *Grande-Bretagne* et l'*Irlande*; et onze petites, qui sont : les îles *Féroë*, les *Shetland*, les *Orcades*, les *Hébrides*, *Ouessant*, *Groix*, *Belle-Ile*, *Noirmoutier*, l'*Ile-Dieu*, l'île de *Ré* et l'île d'*Oléron*.

Dix dans la Méditerranée, dont trois grandes, qui sont : la *Corse*, la *Sardaigne* et la *Sicile*; sept petites, qui sont : *Formentéra*, *Iviça*, *Majorque*, *Minorque*, l'île d'*Elbe*, les îles de *Lipari* et l'île de *Malte*.

Onze dans la mer Baltique, qui sont : *Aland*, *Dago*, *OEsel*, *Gothland*, *Oland*, *Bornholm*, *Rugen*, *Falster*, *Laland*, *Séeland* et *Fionie*.

Trois dans la mer du Nord : *Sylt*, *Helgoland* et le *Texel*.

Trois dans la Manche : *Wight*, *Guernesey* et *Jersey*.

Deux dans la mer d'Irlande : *Man* et *Anglesey*.

Un groupe dans la mer Adriatique : les îles *Illyriennes*.

Six dans la mer Ionienne : *Corfou*, *Paxo*, *Sainte-Maure*, *Théaki*, *Céphalonie* et *Zante*.

Six dans l'Archipel : *Lemnos*, *Skiro*, *Eubée* ou *Négrepont*, les *Cyclades*, *Cérigo* et *Candie*.

Questionnaire. — Combien compte-t-on d'îles principales dans l'Océan Glacial? Nommez-les. Combien dans l'Océan Atlantique? Citez-les. Combien dans la Méditerranée? Quelles sont-elles? Combien dans la mer Baltique? Citez-les. Combien dans la mer du Nord? Nommez-les. Combien dans la Manche? Combien dans la mer d'Irlande? Quel est le groupe que renferme la mer Adriatique? Quelles sont les îles de la mer Ionienne? — De l'Archipel?

6. Presqu'îles et isthmes.

Les presqu'îles sont : au nord, la presqu'île de *Scandinavie*, qui renferme la Suède et la Norwége; en face, celle du *Danemark*.

Au sud-ouest est la grande presqu'île qui forme l'*Espagne* et le *Portugal*;

Au sud la presqu'île d'*Italie* et celle de *Morée*;

Au sud-est, près de la mer Noire, est la presqu'île de *Crimée*.

Il n'y a en Europe que deux isthmes principaux : l'*isthme de Corinthe*, qui joint la Morée

DESCRIPTION PHYSIQUE.

au Continent, et l'isthme de *Pérécop*, qui joint la Crimée à la Russie.

Questionnaire.— Quelle est la presqu'île qui se trouve au nord de l'Europe ? — au sud-ouest ? — au sud ? — au sud-est ? Combien compte-t-on d'isthmes principaux en Europe ? Nommez-les.

7. Caps.

Il y a en Europe vingt-huit caps remarquables.

Trois sur l'Océan Glacial : le cap *Kanin*, en Russie ; le cap *Sviatoi*, en Laponie ; le cap *Nord*, au nord de la Norwége. — Un sur la mer du Nord : le cap *Lindes*, au sud de la Norwége. — Un sur le Skager-Rack : le *Skagen* qui termine le Jutland.

Quatorze sur l'Océan Atlantique, savoir : six dans les îles Britanniques, les caps *Wrath* et *Dunnet*, qui terminent l'Ecosse au nord ; les caps *Lizard* et *Land's-End*, qui terminent l'Angleterre au sud ; le cap *Malin*, qui termine l'Irlande au nord ; le cap *Mizen* au sud. — Trois en France : le cap de la *Hogue*, sur la Manche ; le cap *Finistère* et le *bec de Raz*, qui terminent la France à l'ouest. — Cinq dans la péninsule hispanique : les caps *Penas*, *Ortégal*, *Finistère*, en Espagne, *Saint-Vincent*, en Portugal, *Trafalgar*, au sud de l'Espagne.

Neuf sur la Méditerranée : les caps de *Gate*, de *Palos*, et le cap *Creus*, tous trois en Espagne ; le cap *Corse*, au nord de la Corse ; le cap *Cavalaro*, au sud de la Sardaigne ; le cap *Pas-*

26 EUROPE.

saro, au sud de la Sicile; le cap *Spartivento*, qui termine l'Italie; le cap *Matapan* et le cap *Malio*, qui terminent la Grèce au sud.

Questionnaire. — Combien y a-t-il de caps principaux en Europe? Quels sont les caps de l'Océan Glacial? — De l'Océan Atlantique? — De la Méditerranée?

8. Montagnes, volcans.

Il y a en Europe treize principales montagnes, ou chaînes de montagnes, savoir :

Les *Pyrénées*, entre l'Espagne et la France; les *Cévennes* et les *Vosges*, dans l'intérieur de la France; les *Alpes*, entre la France et l'Italie; le *Jura* (branche des Alpes), entre la France et la Suisse; les *Alpes suisses*, en Suisse; les *Apennins*, dans toute la longueur de l'Italie; les monts *Krapacks* ou *Carpathes*, dans l'empire d'Autriche; les monts *Balkans*, en Turquie; le *Caucase*, qui sépare l'Europe de l'Asie, entre la mer Caspienne et la mer Noire; les monts *Ourals* ou *Poyas*, entre l'Europe et l'Asie; les *Dofrines* ou *Alpes scandinaves*, entre la Suède et la Norwége; les monts *Cheviots*, qui séparent l'Angleterre et l'Ecosse.

La plus haute montagne de l'Europe est le *Mont-Blanc*, dans les Alpes suisses; son élévation est de quatre mille huit cent dix mètres au-dessus du niveau de la mer.

Les principaux volcans sont : le mont *Hékla*, en Irlande; le mont *Vésuve*, en Italie, près de Naples; le mont *Etna* ou *Gibel*, en Sicile.

DESCRIPTION PHYSIQUE.

Questionnaire. — Combien compte-t-on en Europe de montagnes principales ou de chaînes de montagnes ? Quelles sont ces montagnes ? Quelle est la plus haute montagne de l'Europe ? Quelle est son élévation ? Quels sont les principaux volcans ?

9. Lacs.

On compte en Europe quatorze lacs principaux :

Trois en Suède qui sont : le lac *Wener*, le lac *Wetter* et le lac *Mœlar*.

Trois en Russie : le lac *Ladoga*, le lac *Onéga* et le lac *Peïpous*.

Cinq en Suisse : les lacs de *Genève*, de *Neufchâtel*, de *Zurich*, de *Lucerne* et celui de *Constance*, qui est entre la Suisse et l'Allemagne.

Un en Allemagne : le lac *Balaton* en Hongrie.

Deux en Italie : le lac *Majeur* et le lac de *Garde*.

Questionnaire. — Combien y a-t-il de lacs principaux en Europe ? — Combien en Suède ? Citez-les. Combien en Russie ? Nommez-les. Combien en Suisse ? Nommez-les. Quel est le lac que l'on remarque en Allemagne ? Quels sont ceux de l'Italie ?

10. Fleuves et rivières.

On compte en Europe trente-sept fleuves remarquables, savoir :

Un qui se jette dans l'Océan Glacial : la *Petchora*. — Un dans la mer Blanche : la *Dwina*. — Six dans la Baltique : la *Tornéa*, la *Néva*, la *Duna*, le *Niémen*, la *Vistule* et l'*Oder*. — Six dans la mer du Nord : l'*Elbe*, le *Wéser*, le

Rhin, la *Meuse*, l'*Escaut* et la *Tamise*. — Un dans la Manche : la *Seine*. — Neuf dans l'Océan : le *Schannon*, la *Saverne*, la *Loire*, la *Garonne*, le *Minho*, le *Duero*, le *Tage*, la *Guadiana* et le *Guadalquivir*. — Quatre dans la Méditerranée : l'*Ebre*, le *Rhône*, l'*Arno* et le *Tibre*. — Deux dans l'Adriatique : le *Pô* et l'*Adige*. — Un dans l'Archipel : le *Vardar*. — Quatre dans la mer Noire : le *Danube*, le *Dniester*, le *Boug* et le *Dniéper* ou *Borysthène*. — Un dans la mer d'Azof : le *Don* ou *Tanaïs*. — Deux dans la mer Caspienne : le *Volga* et l'*Oural*.

On compte en Europe trente rivières principales :

Une se jette dans la Vistule : le *Bug*. — Une dans l'Oder : la *Warte*. — Quatre se jettent dans le Rhin : l'*Aar*, le *Necker*, le *Mein* et la *Moselle*. — Une dans la Meuse : la *Sambre*. — Trois dans la Seine : l'*Yonne*, la *Marne* et l'*Oise*. — Quatre dans la Loire : l'*Allier*, le *Cher*, la *Vienne* et la *Mayenne*. — Trois dans la Garonne : le *Tarn*, le *Lot* et la *Dordogne*. — Trois dans le Rhône : la *Saône*, l'*Isère* et la *Durance*. — Une dans le Pô : le *Tésin*. — Six dans le Danube : l'*Isar*, l'*Inn*, la *Drave*, la *Save*, le *Theiss* et le *Pruth*. — Deux dans le Dniéper : la *Bérésina* et le *Pripet*. — Une dans le Volga : la *Kama*.

Questionnaire. — Combien compte-t-on de fleuves principaux en Europe ? Quel est le fleuve qui se jette dans l'Océan Glacial ? — Dans la mer Blanche ? Combien y a-t-il de fleuves qui se jettent dans la mer Baltique ? Nommez-les. Combien dans la mer du Nord ? — Dans l'Océan ? —

DESCRIPTION PHYSIQUE. 29

Dans la Méditerranée ? — Dans l'Adriatique ? — Dans l'Archipel ? — Dans la mer Noire ? — Dans la mer d'Azof ? — Dans la mer Caspienne ? Combien y a-t-il de rivières principales en Europe ? Quelle est la rivière qui se jette dans la Vistule ? — Dans l'Oder ? Combien se jettent dans le Rhin ? Nommez-les. Combien dans la Meuse ? — Dans la Seine ? — Dans la Loire ? — Dans la Garonne ? — Dans le Rhône ? — Dans le Pô ? — Dans le Danube ? — Dans le Dniéper ? — Dans le Volga ?

11. Climat, productions.

A l'exception de sa partie septentrionale, l'Europe jouit d'un climat tempéré. Quelques-unes de ses contrées, comme la Norwége et la Suisse, sont couvertes de montagnes ; quelques autres, comme la Russie, n'offrent que de vastes plaines. Le blé, les autres céréales et la pomme de terre fournissent à la nourriture des peuples européens : on cultive ces végétaux précieux jusqu'au nord de la Russie. Dans les régions tempérées, le maïs, le riz, l'olivier et la vigne font la richesse des habitants ; enfin le coton, la canne à sucre et d'autres végétaux, qui exigent plus de chaleur, sont cultivés dans quelques contrées méridionales.

Les animaux utiles se trouvent presque tous en Europe, et au contraire les animaux nuisibles y sont assez rares. — Les mines de houille, d'étain, de cuivre, de plomb et surtout de fer y sont en grand nombre, ainsi que les carrières de marbre et de toutes sortes de pierres.

Questionnaire. — Quel est le climat de l'Europe ? Quelles sont ses différentes productions ? Quelles sont les mines qui se trouvent en Europe ? Quelles carrières ?

2.

12. Religions.

Les religions professées en Europe sont : le *christianisme*, le *mahométisme* et le *judaïsme*. Le christianisme se divise de la manière suivante : les catholiques en Italie, en France, en Espagne, en Portugal, en Autriche, en Irlande et en Belgique ; les luthériens ou calvinistes, en Allemagne, en Suisse, en Suède, en Norwége et en Hollande ; les anglicans en Angleterre ; les presbytériens en Ecosse ; les grecs en Grèce et en Russie. Le mahométisme est suivi en Turquie, et ceux qui pratiquent le judaïsme, répandus dans toutes les contrées, se trouvent cependant en plus grand nombre en Allemagne.

Questionnaire.—Quelles sont les différentes religions qui sont professées en Europe? Comment se divisent-elles ?

13. Divisions de l'Europe.

L'Europe se divise en seize régions principales, dont quatre au nord : les *Iles Britanniques*, le *Danemark*, la *Suède* et une partie de la *Russie* ;

Sept au centre : la *France*, la *Belgique*, la *Hollande*, la *Suisse*, l'*Autriche*, la *Prusse*, et les *Etats secondaires de l'Allemagne* ;

Cinq au midi : le *Portugal*, l'*Espagne*, l'*Italie*, la *Turquie* et la *Grèce*.

Questionnaire. — En combien de régions l'Europe est-elle partagée ? Quelles sont les régions du nord ? — du centre ? — du midi ?

14. Noms des habitants des contrées de l'Europe.

Les habitants de l'Angleterre s'appellent *Anglais, Anglaises*; de l'Ecosse, *Ecossais, Ecossaises*; de l'Irlande, *Irlandais, Irlandaises*; — ceux du Danemark, *Danois, Danoises*; — ceux de la Suède, *Suédois, Suédoises*; — ceux de la Norwége, *Norwégiens, Norwégiennes*; — ceux de la Russie, *Russes*; de la Pologne, *Polonais, Polonaises*; — ceux de la Belgique, *Belges*; — ceux de la Hollande, *Hollandais, Hollandaises*; — ceux de la Suisse, *Suisses*; — ceux de l'Autriche, *Autrichiens, Autrichiennes*; de la Hongrie, *Hongrois, Hongroises*; — ceux de la Prusse, *Prussiens, Prussiennes*; — ceux de l'Allemagne, *Allemands, Allemandes*; — ceux du Portugal, *Portugais, Portugaises*; — ceux d'Espagne, *Espagnols, Espagnoles*; — ceux de l'Italie, *Italiens, Italiennes*; — ceux de la Turquie, *Turcs, Turques*; de la Valachie, *Valaques*; de la Moldavie, *Moldaves*; de la Servie, *Serviens, Serviennes*; — ceux de la Grèce, *Grecs, Grecques*.

Questionnaire. — Dites les noms des habitants des diverses contrées de l'Europe.

CONTRÉES DU NORD DE L'EUROPE.

Iles Britanniques, Danemark, Suède, Russie.

I. — ILES BRITANNIQUES (27,000,000 d'habitants).

Les Iles Britanniques forment une espèce

d'archipel qui se compose de deux grandes îles, de quatre groupes d'îles et de sept petites îles.

Les deux grandes îles sont : la Grande-Bretagne et l'Irlande.

1° La Grande-Bretagne est formée de l'Angleterre proprement dite et de l'Ecosse.

L'Angleterre se divise en 52 comtés.

Capitale : *Londres* (1,700,000 hab.). Cette ville, située sur la Tamise, est la plus commerçante, la plus considérable et la plus peuplée du monde. — Les villes remarquables sont : *Liverpool*, port commerçant ; *Manchester* et *Birmingham*, villes manufacturières ; *Douvres*, un des ports de la marine royale.

L'Ecosse est divisée en 33 comtés.

Capitale : *Edimbourg* (150,000 hab.). Cette ville est située près du golfe de Forth.— *Glascow* est une ville considérable, fameuse par son université.

2° L'Irlande est divisée en quatre provinces.

Dublin (280,000 hab.), sa capitale, est la seconde ville des Iles Britanniques. — *Cork* et *Limerick* possèdent des ports commerçants. — Ces trois parties (l'Angleterre, l'Ecosse et l'Irlande) forment ce qu'on appelle le *Royaume-Uni.*

Les quatre groupes d'îles sont : les *Schetland*, les *Orcades*, les *Hébrides* et les *Sorlingues.*

Les sept petites îles sont : *Man* et *Anglesey*,

dans la mer d'Irlande ; — *Wight, Aurigny, Guernesey* et *Jersey*, dans la Manche ; *Helgoland*, dans la mer du Nord.

Au moyen de sa marine marchande qui compte 25,000 navires, l'Angleterre fait un commerce considérable par les exportations et les importations des produits du monde entier. Cet Etat, le plus industrieux et le plus commerçant, est sillonné de canaux et de chemins de fer.

PRINCIPALES POSSESSIONS ANGLAISES. — Les Anglais possèdent encore : 1° *en Europe*, Gibraltar, sur le détroit de ce nom ; Malte, dans la Méditerranée, et les Iles Ioniennes sur les côtes de la Grèce.

2° *En Asie*, la plus grande partie de l'Hindoustan, Ceylan et les îles Sincapour.

3° *En Afrique*, le gouvernement du cap de Bonne-Espérance, l'Ile-de-France, Sainte-Hélène, et quelques établissements dans le Sénégal.

4° *En Amérique*, la Nouvelle-Bretagne, la Guiane anglaise, la plupart des petites Antilles.

5° Dans l'*Océanie*, les établissements de la Nouvelle-Hollande, dont la capitale est Sidney.

Questionnaire. — Quelles sont les îles qui composent les îles Britanniques ? Comment divise-t-on ce royaume ? Quelle est la capitale de l'Angleterre ? — De l'Ecosse ? — De l'Irlande ? Le commerce de l'Angleterre est-il considérable ? Quelles sont les possessions anglaises en Europe ? — En Asie ? — En Afrique ? — En Amérique ? — Dans l'Océanie ?

II. — DANEMARK (2,200,000 habitants).

Le Danemark se divise en deux parties : les *provinces continentales* et les *îles*.

Le *Jutland*, les duchés de *Holstein* et de *Lauenbourg* forment les provinces continentales. Les principales îles sont : dans la Baltique, *Séeland*, *Fionie*, *Langeland*, *Laaland*, *Falster*, *Femern*, *Moën*, *Bornholm*; dans l'Atlantique, les îles *Fœrœr*, enfin l'*Islande*, située entre l'océan Atlantique et l'océan Glacial. C'est sur la côte méridionale de cette île que se trouve l'Hékla.

Copenhague (120,000 hab.), située dans l'île de Séeland, est la capitale de tout le royaume.

PRINCIPALES POSSESSIONS DANOISES. — Le Danemark possède plusieurs forts en *Afrique* sur la côte d'Or et sur celle des Esclaves ; la capitale est *Christianborg*; en *Amérique* il possède le *Groënland*, et les îles *Sainte-Croix* et *Saint-Thomas* dans les petites Antilles.

Questionnaire. — Comment se divise le Danemark ? Quelles sont les provinces continentales ? — Les îles ? Quelle est la capitale du royaume ? Que remarque-t-on en Islande ? Quelles sont les possessions danoises en Afrique et en Amérique ?

III. — SUÈDE ET NORWÉGE (4,200,000 habitants).

Ce royaume peut se diviser en trois parties : la *Suède*, la *Norwége* et les *îles*.

La SUÈDE, proprement dite, est située à l'est.

Capitale : *Stockholm* (84,000 hab.). — Villes principales : *Calmar*, fameuse par l'acte d'union des trois couronnes de Suède, de Norwége et de Danemark en 1397, et *Upsal* dont l'archevêque est primat du royaume.

La NORWÉGE est à l'ouest.

Capitale : *Christiania* (28,000 hab.). — Ville principale : *Frédérikstall* où fut tué Charles XII, en 1718. — Au nord de la Norwége et de la Suède est la *Laponie*, contrée désolée, presque toujours couverte de neige et de glace.

Les ILES sont : dans la Baltique, *OEland* et *Gothland* ; dans l'océan Glacial, sur la côte de Norwége, le groupe de *Loffoden.*

Les Suédois ne possèdent en Amérique que la petite île de *Saint-Barthélemy* dans les Antilles.

Questionnaire. — Comment se divise la Suède ? Quelle est sa capitale ? — Celle de la Norwége ? Quelles sont les îles qui se rattachent à ce royaume ? Quelles sont ses colonies ?

IV. — RUSSIE (60,000,000 d'habitants).

Cet empire, dix fois aussi étendu que la France, peut se diviser en quatre parties : la *Russie* proprement dite, la *Pologne*, les *provinces du Caucase*, les *îles*.

Saint-Pétersbourg (450,000 hab.), capitale de la Russie, est remarquable par la beauté de ses édifices. Les villes principales sont : *Moscou*, ancienne capitale de la Russie, qui fut prise par les Français en 1812 ; *Riga*, ville forte et commerçante ; *Odessa*, port très-fréquenté sur la mer Noire ; *Vilna,* ancienne capitale de la Lithuanie ; *Kazan, Orenbourg* et *Smolensk.*

La POLOGNE, avant 1831, formait un royaume indépendant.

Capitale : *Varsovie* (150,000 hab.).

Dans les provinces du Caucase, la ville la plus remarquable est *Tiflis,* capitale de l'ancien royaume de Géorgie.

Enfin, parmi les îles qui dépendent de la Russie, nous citerons : la *Nouvelle-Zemble,* l'île de *Waigatz* et celle de *Kalgouef,* dans l'océan Glacial arctique, et les îles d'*Aland* dans la mer Baltique.

POSSESSIONS RUSSES HORS DE L'EUROPE.—Les Russes possèdent, 1° *en Asie,* la Sibérie et quelques provinces au sud du Caucase.

2° *En Amérique,* l'Amérique russe. (Voir pages 91 et 92.)

Questionnaire. — En combien de parties se divise la Russie ? Quelle est sa capitale ? Quelles sont ses villes principales ? Quelles sont les îles qui en dépendent ? Nommez ses possessions hors de l'Europe.

CONTRÉES DU CENTRE DE L'EUROPE.

France, Belgique, Hollande, Suisse, Autriche, Prusse, Allemagne.

I. — FRANCE (36,000,000 d'habitants).

1. Bornes.

La France est bornée :
Au nord par la mer du Nord, la Belgique, le

FRANCE.

Luxembourg hollandais et la Prusse rhénane;

A l'est par le Rhin, le mont Jura, le Rhône, la chaîne des Alpes et la petite rivière du Var;

Au sud par la Méditerranée et les Pyrénées;

A l'ouest par le golfe de Gascogne, l'océan Atlantique, la Manche et le Pas-de-Calais.

Questionnaire.—Quelles sont les bornes de la France, au nord?—à l'est?—au sud?—à l'ouest?

2. Mers, golfes, détroits.

La France est baignée par trois mers principales : la *mer du Nord*;—l'*Océan Atlantique*;—et la *Méditerranée*.

Ces mers forment deux grands golfes : le golfe de *Gascogne*, dans l'Océan-Atlantique; le golfe de *Lion*, dans la Méditerranée.

Les principaux détroits sont ceux de la *Manche* et du *Pas-de-Calais*, entre la France et l'Angleterre.

On peut citer encore le pertuis *Breton*, qui sépare l'île de Ré du département de la Vendée; le pertuis d'*Antioche*, qui sépare l'île de Ré de celle d'Oléron.

Questionnaire. — Par quelles mers est baignée la France? Combien ces mers forment-elles de golfes? Nommez ces golfes. Quels sont les principaux détroits et pertuis? Nommez-les.

3. Iles, presqu'îles, caps.

Les principales îles de la France sont : dans l'océan Atlantique, l'île d'*Ouessant*, *Belle-Ile*, l'île de *Noirmoutier*, l'*Ile-Dieu*, l'île de *Ré*, l'île d'*Oléron*; et dans la Méditerranée, les îles d'*Hyères*.

Il y a en France trois presqu'îles principales : la presqu'île de la *Manche*, qui forme la partie septentrionale du département de ce nom ; la presqu'île de *Bretagne* ou l'ancienne Armorique, qui est la plus considérable des trois ; et la presqu'île de *Quiberon*, qui est la moins étendue, au sud de la Bretagne.

Les caps les plus remarquables sont : le cap *Gris-Nez*, au nord du Pas-de-Calais ; le cap de la *Hogue*, au nord-ouest de la presqu'île de Bretagne ; la pointe de *Saint-Matthieu* et la pointe de *Penmark*, à l'extrémité de cette presqu'île.

Questionnaire. — Quelles sont les principales îles qui se rattachent à la France ? Combien compte-t-on de presqu'îles principales ? Nommez-lez. Quels sont les caps remarquables ?

4. Montagnes, fleuves.

On compte en France sept principales chaînes de montagnes : 1° les *Pyrénées*, entre la France et l'Espagne ; 2° les *Alpes*, entre la France et l'Italie ; 3° les *Cévennes*, dont les immenses ramifications s'étendent dans les départements du sud-est ; 4° les *monts d'Auvergne*, qui sont une branche des Cévennes et où l'on remarque le *Cantal*, le *Mont-Dore* et le *Puy-de-Dôme* ; 5° le *Jura*, qui forme un rempart du côté de la Suisse ; 6° les *Vosges*, qui s'étendent au nord-est ; 7° les monts de la *Corse*.

FRANCE. 39

La France est fertilisée par un nombre considérable de rivières ou cours d'eau (109 navigables et plus de 5000 petites). Elles se déchargent pour la plupart dans cinq grands fleuves, savoir : le *Rhin*, la *Seine*, la *Loire*, la *Garonne* et le *Rhône*.

Questionnaire. — Combien y a-t-il de principales chaînes de montagnes ? Nommez-les. Combien compte-t-on de rivières navigables ? Combien de petites ? Quels sont les grands fleuves qui reçoivent la plupart des rivières ?

5. Canaux et ports.

On compte encore soixante-quinze canaux qui, pour faciliter les transports, établissent des communications entre certains fleuves ou rivières, et avec les mers. Les plus importants sont : le *canal de Saint-Quentin*, qui joint la Somme à l'Escaut; le *canal de la Somme*, qui joint la Somme à l'Aisne (de Saint-Valéry à Laon); le *canal des Ardennes*, entre la Meuse et l'Aisne (de Donchéry à Neufchâtel); le *canal de l'Aisne à la Marne* (de Berry-au-Bac à Condé); le *canal de la Marne au Rhin* (de Vitry à Strasbourg); le *canal du Rhône au Rhin*, joignant la Saône au Rhin en empruntant une partie du Doubs; le *canal de Bourgogne*, joignant l'Yonne à la Saône (de la Roche à Saint-Jean-de-Losne); le *canal du Nivernais*, qui joint l'Yonne à la Loire (d'Auxerre à Decise); les *canaux de Briare, d'Orléans et du Loing*, mettent en communication la Seine, la Loire et la Saône; le *canal latéral à la Loire*, qui rend permanente la navigation sur la partie supérieure de ce fleuve (de Briare à Digoin); le *canal du Centre*, qui joint la Saône et la Loire (de Châlon à Digoin); le *canal du Berry*, qui joint le Cher à la Loire; le *canal de Nantes à Brest*, qui facilite les approvisionnements des ports de Bretagne en épargnant au commerce un cabotage fort périlleux; le *canal d'Ille et Rance* (de Rennes à Dinan, *Côtes-du-Nord*) qui facilite les relations entre les ports de la Manche et ceux de l'Océan; le *canal latéral à la Garonne* et le *canal du Midi*, qui mettent en communication l'Océan et la Méditerranée.

Les principaux ports de France sont, pour la marine de guerre : *Brest, Lorient, Rochefort*, sur l'Océan Atlantique, et *Toulon*, sur la Méditerranée.

Pour la marine marchande : *Dunkerque, Calais, Boulogne, Dieppe, le Havre, Saint-Malo, Nantes, les Sables d'Olonne, la Rochelle, Bordeaux, Bayonne, Cette* et *Marseille*.

Questionnaire. — Combien compte-t-on de canaux en France? Quels sont les plus importants? Quels sont les principaux ports pour la marine de guerre? — Pour la marine marchande?

6. Chemins de fer.

Un vaste réseau de chemins de fer relie à Paris et entre elles les diverses parties de la France.

Ces chemins sont :

1° Celui du Nord, allant de Paris à Mouscron

FRANCE.

(frontière belge) par Saint-Denis, Creil, Amiens, Arras, Douai, Lille, avec embranchements : 1° de Douai à Quiévrain (frontière belge) par Valenciennes ; 2° de Creil à Maubeuge (frontière belge) par Compiègne, Chauny, Saint-Quentin ; 3° d'Amiens à Boulogne, par Abbeville ; 4° de Lille à Calais, par Hazebrouck et Saint-Omer ; 5° d'Hazebrouck à Dunkerque, par Bergue.

2° Le chemin de fer de Paris à Strasbourg, par Meaux, Château-Thierry, Epernay, Châlons-sur-Marne, Vitry, Bar-le-Duc, Nancy, Lunéville et Sarrebourg, avec embranchements : 1° de Nancy à Forbach (frontière de Prusse), par Metz ; 2° de Nancy à Gray ; 3° de Vitry à Auxonne, par Saint-Dizier, Chaumont, Langres, Gray ; 4° d'Epernay à Saint-Quentin (pour relier les chemins de Strasbourg et du Nord) par Reims, Laon, la Fère.

3° Le chemin de fer de Paris à Mulhouse par Noisy-le-Sec, Provins, Troyes, Bar-sur-Aube, Chaumont, Langres, Vesoul, Belfort et Altkirch.

4° Le chemin de fer de Paris à Vincennes et à Saint-Maur.

5° Le chemin de fer de Strasbourg à Bâle, par Colmar, Thann et Mulhouse.

6° Le chemin de fer de Paris à Saint-Germain.

7° Le chemin de fer de Paris au Havre, par Mantes, Bonnières, Vernon, Rouen et Yvetot, avec embranchements : 1° de Rouen à Dieppe ; 2° de Bonnières à Cherbourg, par Evreux,

Lisieux, Caen, Saint-Lô et Valognes.

8° Le chemin de fer de Paris à Brest, par Versailles, Chartres, le Mans, Laval et Rennes.

9° Le chemin de fer du Centre et du Sud-Ouest, allant : 1° de Paris à Orléans, avec embranchement de Juvisy à Corbeil ; 2° d'Orléans à Bordeaux et à la Teste, par Blois, Tours, Poitiers et Angoulême ; 3° de Tours à Nantes et à Saint-Nazaire, par Angers ; 4° de Tours au Mans (où il se relie avec le chemin de Paris à Brest) ; 5° d'Orléans à Périgueux, par Vierzon, Châteauroux et Limoges ; 6° de Vierzon à Clermont-Ferrand, par Bourges, Nevers et Moulins.

10° Le chemin de fer de Paris à Marseille, par Melun, Fontainebleau, Montereau, Sens, la Roche, Tonnerre, Dijon, Beaune, Châlon-sur-Saône, Mâcon, Lyon, Valence, Avignon, Tarascon, Beaucaire et Arles, avec embranchements : 1° de Montereau à Troyes ; 2° de la Roche à Auxerre ; 3° de Lyon à Roanne, par Saint-Etienne et Montbrison ; 4° de Beaucaire à Cette, par Nîmes et Montpellier ; 5° de Nîmes à la Grand-Combe, par Alais ; 6° de Dijon à Besançon, avec prolongement jusqu'à Belfort, par la vallée du Doubs ; 7° de Lyon à Genève par Saint-Rambert ; 8° de Saint-Rambert à Bourg ; 9° de Saint-Rambert à Grenoble par Voiron et Voreppe.

11° Le chemin de fer de Paris à Sceaux, avec prolongement projeté de Bourg-la-Reine à Orsay.

FRANCE. 43

12° Le chemin de fer de Bordeaux à Bayonne, se détachant à Lamotte du chemin de Bordeaux à la Teste et passant par Bouheyre, avec embranchement sur Mont-de-Marsan et Dax.

13° Le chemin de fer de Bordeaux à Cette, joignant l'Océan à la Méditerranée par Agen, Montauban, Toulouse, Carcassonne, Narbonne et Béziers, avec embranchements d'Agen sur Tarbes et de Narbonne sur Perpignan.

14° Le chemin de fer dit Grand-Central, allant: de Saint-Étienne à Coutras (station du chemin de fer d'Orléans à Bordeaux), par le Puy, Lempdes, Aurillac et Périgueux, avec embranchements : 1° de Lempdes à Clermont-Ferrand; 2° d'Aurillac à Montauban, par Figeac d'où un embranchement le dirige sur Marcillac; 3° de Périgueux à Limoges et de Périgueux à Agen.

Les têtes de toutes ces lignes sont reliées entre elles par un chemin de ceinture autour de Paris en dedans des fortifications.

Questionnaire. — Quel est le parcours du chemin de fer du Nord? Citez ses embranchements. Quel est le parcours du chemin de fer de Strasbourg? Citez ses embranchements. Quel est le parcours du chemin de fer de Mulhouse? — Du chemin de fer de Strasbourg à Bâle? Faites connaître le parcours et les embranchements du chemin de fer du Havre? Quel est le parcours du chemin de fer de Paris à Brest? Dites le parcours et les embranchements des chemins de fer du centre et du sud-ouest? — Du chemin de fer de Marseille? Quel est le parcours du chemin de Bordeaux à Bayonne? — De Bordeaux à Cette? — Du chemin dit Grand-Central?

7. Division de la France.

Autrefois la France était divisée en trente-trois gouvernements ou provinces qui avaient chacune leurs lois, leurs coutumes, leurs privilèges particuliers.

Ces 33 provinces peuvent être classées ainsi :
6 au nord : la Flandre française, cap. *Lille*; l'Artois, cap. *Arras*; la Picardie, cap. *Amiens*; la Normandie, cap. *Rouen*; l'Ile-de-France, cap. *Paris*; la Champagne, cap. *Troyes*.

6 à l'est : la Lorraine, cap. *Nancy*; l'Alsace, cap. *Strasbourg*; la Franche-Comté. cap. *Besançon*; la Bourgogne, cap. *Dijon*; le Lyonnais, cap. *Lyon*; le Dauphiné, cap. *Grenoble*.

7 au sud : la Provence, cap. *Aix*; le Languedoc, cap. *Toulouse*; le Roussillon, cap. *Perpignan*; le Comté de Foix, cap. *Foix*; le Béarn, cap. *Pau*; la Guyenne et la Gascogne, cap. *Bordeaux*; la Corse, cap. *Ajaccio*.

6 à l'ouest : la Saintonge et l'Angoumois, cap. *Saintes* et *Angoulême*; l'Aunis, cap. *la Rochelle*; le Poitou, cap. *Poitiers*; la Bretagne, cap. *Rennes*; l'Anjou, cap. *Angers*; le Maine, cap. *le Mans*.

8 au centre : l'Orléanais, cap. *Orléans*; la Touraine, cap. *Tours*; le Berry, c. *Bourges*; le Nivernais, c. *Nevers*; le Bourbonnais, c. *Moulins*; la Marche, cap. *Guéret*; le Limousin, c. *Limoges;* l'Auvergne, cap. *Clermont-Ferrand*.

Pour donner plus d'unité à l'administration, le 15 janvier 1790 l'Assemblée nationale y

FRANCE. 45

substitua la division par départements. Ils sont au nombre de 86 et forment 363 arrondissements ou sous-préfectures; chaque arrondissement renferme plusieurs cantons et chaque canton plusieurs communes. Le nombre total de ces dernières est de 36,835.

Afin qu'on puisse étudier à la fois la division ancienne et la division nouvelle nous allons rapprocher les départements des provinces dont ils ont été formés.

Questionnaire. — Comment autrefois la France était-elle divisée? Combien comptait-on de provinces au Nord? Citez-les avec leurs capitales? Combien de provinces à l'Est? Citez-les. Combien de provinces au Sud? Nommez-les. Combien de provinces à l'Ouest? Nommez-les. Combien de provinces au Centre? Nommez-les. A quelle époque cette division a-t-elle été changée? Comment la France est-elle divisée aujourd'hui?

---

8. Départements formés des six provinces du Nord.

1. La FLANDRE n'a produit que le seul département du NORD, chef-lieu LILLE; sous-préfect. : *Cambrai, Dunkerque, Douai, Valenciennes, Avesnes* et *Hazebrouck.*

2. L'ARTOIS a formé le département du PAS-DE-CALAIS, chef-lieu ARRAS; sous-préfect. : *Saint-Omer, Béthune, Saint-Pol, Boulogne* et *Montreuil.*

3. La PICARDIE ne comprend que le département de la SOMME, chef-lieu AMIENS; sous-préfect. : *Doullens, Montdidier, Abbeville* et *Péronne.*

EUROPE.

4. La Normandie a formé cinq départements :

SEINE-INFÉRIEURE, chef-lieu Rouen ; sous-préfect. : *Dieppe, le Havre, Yvetot* et *Neufchâtel.*

EURE, chef-lieu Evreux ; sous-préfect. : *Louviers, les Andelys, Bernay* et *Pont-Audemer.*

CALVADOS, chef-lieu Caen, sous-préfect. : *Bayeux, Vire, Falaise, Lisieux* et *Pont-l'Evêque.*

MANCHE, chef-lieu Saint-Lô ; sous-préfect. : *Cherbourg, Valognes, Coutances, Avranches* et *Mortain.*

ORNE, chef-lieu Alençon ; sous-préfect. *Domfront, Mortagne, Argentan.*

5. L'Ile-de-France a formé cinq départements :

SEINE, chef-lieu Paris, capitale de toute la France, la seconde ville de l'Europe par sa population et sa richesse ; sous-préfect. : *Saint-Denis* et *Sceaux.*

SEINE-ET-OISE, chef-lieu Versailles ; sous-préfect. : *Pontoise, Mantes, Rambouillet, Etampes, Corbeil.*

SEINE-ET-MARNE, chef-lieu Melun ; sous-préfect. : *Meaux, Fontainebleau, Provins, Coulommiers.*

OISE, chef-lieu Beauvais ; sous-préfect. : *Clermont, Senlis, Compiègne.*

AISNE, chef-lieu Laon ; sous-préfect. : *Saint-Quentin, Soissons, Château-Thierry, Vervins.*

6. La Champagne a formé quatre départements :

FRANCE.

AUBE, chef-lieu *Troyes* ; sous-préfect. : *Nogent-sur-Seine, Bar-sur-Seine, Bar-sur-Aube, Arcis-sur-Aube.*

HAUTE-MARNE, chef-lieu *Chaumont* ; sous-préfect. : *Vassy* et *Langres.*

MARNE, chef-lieu *Chalons-sur-Marne* ; sous-préfect. ; *Reims, Epernay, Vitry-le-Français, Sainte-Menehould.*

ARDENNES, chef-lieu *Mézières* ; sous-préfect. : *Rocroy, Rethel, Vouziers* et *Sédan.*

Noms des habitants des provinces du nord. — Les habitants de la Flandre s'appellent *Flamands* ; — ceux de l'Artois, *Artésiens* ; — ceux de la Normandie, *Normands* ; — ceux de la Champagne, *Champenois*. (Les habitants de l'Ile-de-France n'ont pas de noms particuliers.)

Questionnaire. — 1. Quel est le département formé par la Flandre ? Citez le chef-lieu, — les sous-préfectures. — 2. Quel département a formé l'Artois ? Citez le chef-lieu, — les sous-préfectures. — 3. Quel est le département formé de la Picardie ? Citez le chef-lieu, — les sous-préfectures. — 4. Combien la Normandie a-t-elle formé de départements ? Citez le chef-lieu de la Seine-Inférieure, — les sous-préfectures. Citez le chef-lieu et les sous-préfectures de l'Eure, — du Calvados, — de la Manche, — de l'Orne. — 5. Combien l'Ile-de-France a-t-elle formé de départements ? Citez le chef-lieu et les sous-préfectures de la Seine, — de Seine-et-Oise, — de Seine-et-Marne, — de l'Oise, — de l'Aisne. — 6. Combien s'est-il formé de départements de l'ancien gouvernement de Champagne ? Citez le chef-lieu et les sous-préfectures de la Marne, — de la Haute-Marne, — des Ardennes. — Dites les noms des habitants des six provinces du Nord.

9. Départements formés des six provinces de l'Est.

1. La LORRAINE a formé quatre départements :

MEURTHE, chef-lieu NANCY; sous-préfect. : *Toul, Lunéville, Sarrebourg, Château-Salins.*

MOSELLE, chef-lieu METZ; sous-préfect. : *Briey, Sarreguemines, Thionville.*

VOSGES, chef-lieu ÉPINAL; sous-préfect. : *Neufchâteau, Mirecourt, Remiremont, Saint-Dié.*

MEUSE, chef-lieu BAR-LE-DUC; sous-préfect. : *Montmédy, Verdun, Commercy.*

2. L'ALSACE a formé deux départements :

BAS-RHIN, chef-lieu STRASBOURG; sous-préfect. : *Wissembourg, Saverne, Schelestadt.*

HAUT-RHIN, chef-lieu COLMAR; sous-préfect. : *Belfort, Altkirch.*

3. La FRANCHE-COMTÉ a formé trois départements :

DOUBS, chef-lieu BESANÇON; sous-préfect. : *Montbéliard, Baume, Pontarlier.*

HAUTE-SAONE, chef-lieu VESOUL; sous-préfect. : *Gray, Lure.*

JURA, chef-lieu LONS-LE-SAULNIER; sous-préfect. : *Dôle, Poligny, Saint-Claude.*

4. La BOURGOGNE a formé quatre départements :

COTE-D'OR, chef-lieu DIJON; sous-préfect. : *Châtillon-sur-Seine, Semur, Beaune.*

YONNE, chef-lieu AUXERRE; sous-préfect. : *Sens, Joigny, Avallon, Tonnerre.*

SAONE-ET-LOIRE, chef-lieu MACON; sous-préfect. : *Autun, Charolles, Louhans, Châlon-sur-Saône.*

AIN, chef-lieu Bourg ; sous-préfect. : *Trévoux, Belley, Nantua, Gex.*

5. Le Lyonnais a formé deux départements :
RHONE, chef-lieu Lyon, la seconde ville de France ; sous-préfect. : *Villefranche.*

LOIRE, chef-lieu Montbrison ; sous-préfect. : *Roanne, Saint-Etienne.*

6. Le Dauphiné a formé trois départements :
HAUTES-ALPES, chef-lieu Gap ; sous-préfect. : *Briançon, Embrun.*

DROME, chef-lieu Valence ; sous-préfect. : *Die, Nyons, Montélimart.*

ISÈRE, chef-lieu Grenoble ; sous-préfect. : la *Tour-du-Pin, Saint-Marcellin, Vienne.*

Noms des habitants des provinces de l'Est. — Les habitants de la Lorraine s'appellent *Lorrains;*—ceux de l'Alsace, *Alsaciens;*—ceux de la Franche-Comté, *Francs-Comtois;* — ceux de la Bourgogne, *Bourguignons;* — ceux du Lyonnais, *Lyonnais;* — ceux du Dauphiné, *Dauphinois.*

Questionnaire.—1. Combien de départements a produit la Lorraine ? Citez le chef-lieu et les sous-préfectures de la Meurthe, — de la Moselle, — de la Meuse, — des Vosges. — 2. Combien l'Alsace a-t-elle formé de départements ? Citez le chef-lieu et les sous-préfectures du Bas-Rhin, — du Haut-Rhin. — 3. Combien de départements ont été formés par la Franche-Comté ? Citez le chef-lieu et les sous-préfectures du Doubs, — de la Haute-Saône, — du Jura. — 4. Combien de départements ont été formés de la Bourgogne ? Citez le chef-lieu et les sous-préfectures de la Côte-d'Or, — de l'Yonne, — de Saône-et-Loire, — de l'Ain. — 5. Quels départements ont été formés par le Lyonnais ? Citez le chef-lieu et les sous-préfectures du Rhône, — de la Loire. — 6. Quels départements ont été formés du Dauphiné ? Citez le chef-lieu et les sous-préfectures des Hautes-Alpes, — de la Drôme, — de l'Isère, — Dites les noms des habitants des six provinces de l'Est.

10. Départements formés des sept provinces du Sud.

1. La PROVENCE forme trois départements :
BOUCHES-DU-RHONE, chef-lieu MARSEILLE ; sous-préfect. : *Aix* et *Arles*.

BASSES-ALPES, chef-lieu DIGNE ; sous-préfect. : *Barcelonnette, Sisteron, Forcalquier, Castellane*.

VAR, chef-lieu DRAGUIGNAN ; sous-préfect. : *Grasse, Brignolles, Toulon*.

2. Le LANGUEDOC a formé huit départements :
HAUTE-LOIRE, chef-lieu LE PUY ; sous-préfect. : *Issengeaux* et *Brioude*.

ARDÈCHE, chef-lieu PRIVAS ; sous-préfect. : *Largentière* et *Tournon*.

LOZÈRE, chef-lieu MENDE ; sous-préfect. : *Marvejols* et *Florac*.

GARD, chef-lieu NIMES ; sous-préfect. : *Alais, le Vigan, Uzès*.

HÉRAULT, chef-lieu MONTPELLIER ; sous-préfect. : *Béziers, Lodève, Saint-Pons*.

AUDE, chef-lieu CARCASSONNE ; sous-préfect. : *Limoux, Castelnaudary, Narbonne*.

TARN, chef-lieu ALBY ; sous-préfectures : *Castres, Lavaur, Gaillac*.

FRANCE.   51

HAUTE-GARONNE, chef-lieu Toulouse ; sous-préfect. : *Saint-Gaudens, Villefranche, Muret.*

3. Le Roussillon a formé seulement le département des PYRÉNÉES-ORIENTALES, chef-lieu Perpignan ; sous-préfect. : *Céret et Prades.*

4. Du comté de Foix on a formé le département de l'ARIÉGE, chef-lieu Foix ; sous-préfect. : *Pamiers et Saint-Girons.*

5. Du Béarn on a formé le département des BASSES-PYRÉNÉES, chef-lieu Pau ; sous-préfect. : *Orthès, Oloron, Mauléon, Bayonne.*

6. La Guyenne et la Gascogne ont produit neuf départements :

LANDES, chef-lieu Mont-de-Marsan ; sous-préfect. : *Dax et Saint-Sever.*

GIRONDE, chef-lieu Bordeaux ; sous-préf. : *Blaye, Lesparre, Bazas, la Réole, Libourne.*

LOT-ET-GARONNE, chef-lieu Agen ; sous-préfect. : *Marmande, Villeneuve-d'Agen, Nérac.*

DORDOGNE, chef-lieu Périgueux ; sous-préfect. : *Nontron, Ribérac, Sarlat, Bergerac.*

LOT, chef-lieu Cahors ; sous-préfect. : *Gourdon et Figeac.*

AVEYRON, chef-lieu Rodez ; sous-préfect. : *Villefranche, Sainte-Affrique, Milhau, Espalion.*

TARN-ET-GARONNE, chef-lieu Montauban ; sous-préfect. : *Moissac, Castel-Sarrazin.*

GERS, chef-lieu Auch ; sous-préfectures : *Lectoure, Condom, Mirande, Lombez.*

HAUTES-PYRÉNÉES, chef-lieu TARBES; sous-préfect. : *Argelès, Bagnères de Bigorre.*

7. L'île de CORSE a formé le département de la CORSE, chef-lieu AJACCIO; sous-préfectures : *Bastia, Sartène, Corte, Calvi.*

NOMS DES HABITANTS DES PROVINCES DU SUD. — Les habitants de la Provence s'appellent *Provençaux* (un Provençal); — ceux de Languedoc, *Languedociens*; — ceux du Roussillon, *Roussillonnais*; — ceux du comté de Foix, *Foissois* ou *Foissiens*; — ceux du Béarn, *Béarnais*; — ceux de la Gascogne, *Gascons*; — ceux de la Corse, *Corses.*

Questionnaire. — 1. Combien la Provence a-t-elle produit de départements? Citez le chef-lieu et les sous-préfectures des Bouches-du-Rhône, — des Basses-Alpes, — du Var. — 2. Combien de départements ont été formés par le Languedoc? Citez le chef-lieu et les sous-préfectures de la Haute-Loire, — de l'Ardèche, — de la Lozère, — du Gard, — de l'Hérault, — de l'Aude, — du Tarn, — de la Haute-Garonne. — 3. Quel département a-t-on formé du Roussillon? Citez le chef-lieu et les sous-préfectures. — 4. Quel département a-t-on formé du comté de Foix? Citez-en le chef-lieu et les sous-préfectures. — 5. Quel est le département formé par le Béarn? Citez-en le chef-lieu et les sous-préfectures. — 6. Combien a-t-on formé de départements de la Guyenne et de la Gascogne? Quels sont-ils? Citez-en les chefs-lieux et les sous-préfectures. — 7. Quel département a formé la Corse? Citez-en le chef-lieu et les sous-préfectures. — Dites les noms des habitants des sept provinces du Sud.

---

11. Départements formés des six provinces de l'Ouest.

1. L'ANGOUMOIS a formé le département de la CHARENTE, chef-lieu ANGOULÊME; sous-

préfectures : *Ruffec, Cognac, Barbezieux* et *Confolens.*

2. La SAINTONGE et l'AUNIS n'ont formé que le département de la CHARENTE-INFÉRIEURE, chef-lieu LA ROCHELLE; sous-préfect. : *Rochefort, Marennes, Jonzac, Saintes, Saint-Jean-d'Angely.*

3. Le POITOU a formé trois départements :
VIENNE, chef-lieu POITIERS; sous-préfectures : *Loudun, Civray, Montmorillon, Châtellerault.*

DEUX-SÈVRES, chef-lieu NIORT ; sous-préfect. : *Bressuire, Parthenay, Melle.*

VENDÉE, chef-lieu NAPOLÉON-VENDÉE; sous-préfect. : les *Sables d'Olonne* et *Fontenay.*

4 La BRETAGNE a formé cinq départements :
ILLE-ET-VILAINE, chef-lieu RENNES; sous-préfect. : *Saint-Malo, Montfort, Redon, Vitré, Fougères.*

COTES-DU-NORD, chef-lieu SAINT-BRIEUC; sous-préfect. : *Lannion, Guingamp, Loudéac, Dinan.*

FINISTÈRE, chef-lieu QUIMPER; sous-préf. : *Brest, Châteaulin, Quimperlé, Morlaix.*

MORBIHAN, chef-lieu VANNES; sous-préfect.: *Lorient, Ploërmel, Napoléon-Ville* (autrefois *Pontivy*).

LOIRE-INFÉRIEURE, chef-lieu NANTES ; sous-préfect. : *Savenay, Paimbœuf, Ancenis, Châteaubriant.*

5. L'ANJOU a formé le département de MAINE-ET-LOIRE, chef-lieu ANGERS ; sous-préfect. : *Segré, Beaupréau, Saumur, Beaugé.*

6. Le MAINE et le PERCHE ont formé deux départements :

SARTHE, chef-lieu LE MANS ; sous-préfect. : *Mamers, Laflèche, Saint-Calais.*

MAYENNE, chef-lieu LAVAL ; sous-préfect. : *Mayenne, Château-Gontier.*

NOMS DES HABITANTS DES PROVINCES DE L'OUEST. — Les habitants de l'Angoumois s'appellent *Angoumois;* — ceux de la Saintonge, *Saintongeois;* — ceux du Poitou, *Poitevins;* — ceux de la Bretagne, *Bretons;* — ceux de l'Anjou, *Angevins;* — ceux du Maine, *Manceaux* (un Manceau, une Mancelle).

Questionnaire. — 1. Quel département a-t-on formé de l'Angoumois ? Citez-en le chef-lieu et les sous-préfectures. — 2. Quel département a-t-on formé de la Saintonge et de l'Aunis ? Citez-en le chef-lieu et les sous-préfectures. — 3. Quels sont les départements formés du Poitou ? Citez le chef-lieu et les sous-préfectures de la Vienne, — des Deux-Sèvres, — de la Vendée. — 4. Quels sont les départements formés de la Bretagne ? Citez-en les chefs-lieux et les sous-préfectures. — 5. Quel département a formé l'Anjou ? Citez-en le chef-lieu et les sous-préfectures. — 6. Combien a-t-on formé de départements du Maine et du Perche ? Citez le chef-lieu et les sous-préfectures de la Sarthe, — de la Mayenne. — Dites les noms des habitants des six provinces de l'Ouest.

---

12. Départements formés des huit provinces du centre.

1. L'ORLÉANAIS a formé trois départements :

FRANCE. 55

LOIRET, chef-lieu ORLÉANS ; sous-préfect. : *Pithiviers, Montargis, Gien.*

EURE-ET-LOIR, chef-lieu CHARTRES ; sous-préfectures : *Dreux, Nogent-le-Rotrou, Châteaudun.*

LOIR-ET-CHER, chef-lieu BLOIS ; sous-préfect. : *Vendôme et Romorantin.*

2. La TOURAINE a formé le département d'INDRE-ET-LOIRE, chef-lieu TOURS ; sous-préfect. : *Chinon et Loches.*

3. Le BERRY a formé deux départements :

CHER, chef-lieu BOURGES, sous-préfect. : *Sancerre et Saint-Amand.*

INDRE, chef-lieu CHATEAUROUX ; sous-préf. : *le Blanc, la Châtre, Issoudun.*

4. Le NIVERNAIS forme le département de la NIÈVRE, chef-lieu NEVERS ; sous-préfect. : *Cône, Clamecy, Château-Chinon.*

5. Le BOURBONNAIS forme le département de l'ALLIER, chef-lieu MOULINS ; sous-préfect. : *Montluçon, Gannat et la Palisse.*

6. La MARCHE forme le département de la CREUSE, chef-lieu GUÉRET ; sous-préfect. : *Bourganeuf, Aubusson, Boussac.*

7. Le LIMOUSIN forme deux départements :

HAUTE-VIENNE, chef-lieu LIMOGES ; sous-préfect. : *Bellac, Rochechouart, Saint-Yrieix.*

CORRÈZE, chef-lieu TULLE ; sous-préfect. : *Ussel et Brives.*

8. L'AUVERGNE forme deux départements :

EUROPE.

PUY-DE-DOME, chef-lieu CLERMONT-FERRAND; sous-préfect.: *Riom, Issoire, Ambert, Thiers.*

CANTAL, chef-lieu AURILLAC; sous-préfec.: *Mauriac, Murat, Saint-Flour.*

NOMS DES HABITANTS DES PROVINCES DU CENTRE. — Les habitants de l'Orléanais s'appellent *Orléanais;* — ceux de la Touraine, *Tourangeaux* (un Tourangeau, une Tourangelle); — ceux du Berry, *Bérichons;* — ceux du Nivernais, *Nivernais;* — ceux du Bourbonnais, *Bourbonnais;* — ceux de la Marche, *Marchais;* — ceux du Limousin, *Limousins;* — ceux de l'Auvergne, *Auvergnats.*

Questionnaire. — 1. Combien l'Orléanais a-t-il formé de départements? Citez le chef-lieu et les sous-préfectures du Loiret, — d'Eure-et-Loir, — de Loir-et-Cher. — 2. Quel est le département formé par la Touraine? Citez-en le chef-lieu et les sous-préfectures. — 3. Combien de départements a formé le Berry? Citez le chef-lieu et les sous-préfectures du Cher, — de l'Indre. — 4. Quel est le département formé par le Nivernais? Citez-en le chef-lieu et les sous-préfectures. — 5. Quel département a formé le Bourbonnais? Citez le chef-lieu et les sous-préfectures. — 6. Quel département a formé la Manche? Citez le chef-lieu et les sous-préfectures. — 7. Combien le Limousin a-t-il formé de départements? Citez le chef-lieu et les sous-préfectures de la Haute-Vienne, — de la Corrèze. — 8. Combien l'Auvergne a-t-elle formé de départements? Citez le chef-lieu et les sous-préfectures du Puy-de-Dôme, — du Cantal. Dites les noms des habitants des huit provinces du Centre.

13. Des autres possessions de la France.

Indépendamment de ces 33 gouvernements

FRANCE. 57

ou provinces, le COMTAT-VENAISSIN qui appartenait aux papes a été réuni à la France par un décret du 14 septembre 1791. On en a formé le département de VAUCLUSE, chef-lieu AVIGNON ; sous-préfect. : *Carpentras* et *Orange*.

Colonies.

Les colonies que la France possède sont : 1° *en Asie :* Pondichéry, Mahé, Karikal, Yanaon et Chandernagor ; 2° *en Afrique :* l'Algérie qui est divisée en trois provinces, celle d'Alger, celle d'Oran et celle de Constantine ; ALGER en est la capitale ; la colonie du Sénégal : chef-lieu Saint-Louis ; l'île Bourbon et l'île Sainte-Marie, près de Madagascar ; *en Amérique :* les îles Saint-Pierre et Miquelon, près de Terre-Neuve ; la Martinique et la Guadeloupe, Marie-Galante, les Saintes, la Désirade, une partie de l'île Saint-Martin, dans les petites Antilles ; la Guiane française, capitale Cayenne ; 4° *en Océanie*, les îles Marquises et l'archipel de Taïti.

Questionnaire. — A qui appartenait le Comtat-Venaissin avant sa réunion à la France ? Quel département en a-t-on formé ? Citez son chef-lieu et ses sous-préfectures. Quelles sont les possessions coloniales de la France en Asie ? — en Afrique ? — en Amérique ? — en Océanie ?

14. Classification des départements par bassins.

Il importe pour bien étudier les noms des départements de les classer par bassins.

Le bassin du Rhin comprend : le *Haut-Rhin*, le *Bas-Rhin*, les *Vosges*, la *Meurthe* et la *Moselle*;

Le bassin de la Meuse : la *Meuse* et les *Ardennes*;

Le bassin de l'Escaut : le *Nord* et le *Pas-de-Calais*;

Le bassin de la Somme : la *Somme*;

Le bassin de la Seine : l'*Aube*, *Seine-et-Marne*, la *Seine*, *Seine-et-Oise*, l'*Eure*, la *Seine-Inférieure*, la *Haute-Marne*, la *Marne*, l'*Aisne*, l'*Oise*, l'*Yonne*, *Eure-et-Loir*;

Le bassin de l'Orne : l'*Orne*, le *Calvados* et la *Manche*;

Le bassin de la Vilaine : l'*Ille-et-Vilaine*, et dans la presqu'île de l'Armorique, les *Côtes-du-Nord*, le *Finistère* et le *Morbihan*;

Le bassin de la Loire : la *Haute-Loire*, la *Loire*, la *Nièvre*, le *Loiret*, *Loir-et-Cher*, *Indre-et-Loire*, *Maine-et-Loire*, *Loire-Inférieure*, la *Sarthe*, la *Mayenne*, l'*Allier*, le *Cher*, le *Puy-de-Dôme*, la *Creuse*, l'*Indre*, la *Haute-Vienne*, la *Vienne*;

Le bassin de la Sèvre Niortaise : la *Vendée*, les *Deux-Sèvres*;

Le bassin de la Charente : la *Charente* et la *Charente-Inférieure*;

Le bassin de la Garonne : la *Haute-Garonne*, *Tarn-et-Garonne*, *Lot-et-Garonne*, la *Gironde*, le *Cantal*, la *Corrèze*, la *Dordogne*, l'*Ariége*, le *Tarn*, la *Lozère*, l'*Aveyron*, le *Lot*, le *Gers*;

FRANCE.

Le bassin de l'Adour : les *Hautes-Pyrénées*, les *Basses-Pyrénées*, les *Landes* ;

Le bassin du Rhône : l'*Ain*, le *Rhône*, l'*Ardèche*, le *Gard*, l'*Isère*, la *Drôme*, *Vaucluse*, les *Bouches-du-Rhône*, le *Jura*, le *Doubs*, la *Haute-Saône*, la *Côte-d'Or*, *Saône-et-Loire*, les *Hautes-Alpes*, les *Basses-Alpes* ;

Le bassin de l'Hérault : l'*Hérault* ;

Le bassin de l'Aude : l'*Aude*, les *Pyrénées-Orientales* ;

Le bassin du Var : le *Var* ;

Enfin la Corse doit être considérée à part.

Questionnaire. — Quels sont les départements que renferment les bassins du Rhin ? — de la Meuse ? — de l'Escaut ? — de la Somme ? — de la Seine ? — de l'Orne ? — de la Vilaine ? — de la Loire ? — de la Sèvre Niortaise ? — de la Charente ? — de la Garonne ? — de l'Adour ? — du Rhône ? — de l'Hérault ? — de l'Aude ? — du Var ?

15. Notions diverses sur la France.

Tous les départements, à l'exception de celui de la *Corse*, ont emprunté leurs noms à quelque accident physique.

Un département tire son nom d'une forêt, les *Ardennes* ; un d'une fontaine, *Vaucluse* ; un d'une chaîne de rochers, le *Calvados* ; un a emprunté son nom à la nature de son territoire, les *Landes* ; trois doivent leur nom à leur position géographique, le *Nord*, les *Côtes-du-Nord*, le *Finistère* (c'est-à-dire *fin de la terre*) ; deux tirent leur nom de la mer qui les baigne : le *Pas-de-Calais*, la *Manche* ; un du golfe qui est formé sur ses côtes : le *Morbihan* ; onze doivent leur nom à des montagnes : les *Vosges*, le *Jura*, les *Hautes-Alpes*, les *Basses-Alpes*, les *Pyrénées-Orientales*, les *Hautes-Pyrénées*, les *Basses-Pyrénées*, la *Lozère*, le *Cantal*, le *Puy-de-Dôme*, la *Côte-d'Or*. Les soixante-quatre autres départements doivent leur nom aux fleuves ou rivières qui les arrosent : ainsi le département de la *Seine* est traversé par la Seine ; le département de *Seine-et-Marne* est baigné par la Seine et par la Marne ; le département de la *Seine-Inférieure*, c'est-à-dire qui est situé dans la partie inférieure de la Seine, à son embouchure ; le département de la *Haute-Loire*, c'est-à-dire situé près de la source de la Loire, etc., etc.

Le plus grand département de la France est celui de la *Gironde*, dont la superficie est de plus d'un million d'hectares; le plus petit est celui de la *Seine*, qui cependant est le plus peuplé (1,422,000 habit.); après celui de la Seine, le plus peuplé est celui du *Nord* (1,158,000 habit.); ensuite celui de la *Seine-Inférieure* (762,000 habit.). Le moins peuplé est celui des *Hautes-Alpes* (132,000 habit.); ensuite celui de la *Lozère* (145,000 habit.).

La première ville de France est *Paris* (1,100,000 h.), la seconde *Lyon* (170,000 h.), la troisième *Marseille* (147,000 hab.), la quatrième est *Bordeaux* (126,000 hab.), la cinquième *Rouen* (100,000 hab.), la sixième

FRANCE. 61

Nantes (94,000 habit.), la septième *Toulouse* (93,000 h.), la huitième est *Lille* (75,000 h.), la neuvième *Strasbourg* (72,000 habit.), la dixième *Metz* (55,000 hab.).

Questionnaire. — D'où sont tirés les noms des départements? Quel est le département le plus grand? le plus petit? le plus peuplé? le moins peuplé? Quelle est la première ville de France? Quelle est la seconde, etc.

Gouvernement de la France. — **Subdivisions et administration départementale.** — **Productions, industrie, commerce, agriculture.**

16. Gouvernement de la France.

La France est gouvernée par un empereur qui a seul la puissance exécutive. Il prépose des ministres à la direction des diverses branches de l'administration. Le nombre des ministres est aujourd'hui de neuf : 1° le ministre d'État et de la maison de l'empereur; 2° le ministre des affaires étrangères; 3° le ministre des finances; 4° le ministre de l'intérieur; 5° le ministre de la guerre; 6° le ministre de la marine et des colonies; 7° le ministre de l'agriculture, du commerce et des travaux publics; 8° le ministre de la justice; 9° le ministre de l'instruction publique et des cultes. Le pouvoir législatif est confié au sénat, dont les membres sont nommés par l'empereur, et au corps législatif, dont les députés, au nombre de 261 (un à raison de 35,000 électeurs), sont élus par la nation pour six ans. Le conseil d'Etat dont les membres sont choisis par l'empereur, élabore les projets de lois et soutient la discussion devant le sénat et le corps législatif; il juge en dernier ressort les contestations qui peuvent s'élever entre les particuliers et l'administration ainsi que les conflits entre l'autorité administrative et l'autorité judiciaire.

Questionnaire. — Comment est gouvernée la France ? Combien y a-t-il de ministres ? Nommez-les. A qui appartient le pouvoir législatif ? Par qui sont nommés les sénateurs ? Par qui sont élus les députés ? Par qui sont nommés les membres du conseil d'Etat ? Quelles sont les fonctions du conseil d'Etat ?

17. Administration civile et ecclésiastique.

Sous le rapport civil, chaque département est administré par un *préfet* qui réside au chef-lieu du département ; chaque arrondissement par un *sous-préfet;* chaque commune par un *maire.* Dans chaque département il y a un conseil général qui se réunit à une époque fixée pour s'occuper des besoins du département; dans chaque arrondissement un conseil remplit les mêmes fonctions, pour l'arrondissement, et dans chaque commune le maire est assisté d'un ou de plusieurs adjoints et d'un conseil municipal.

Sous le rapport ecclésiastique, la France se

FRANCE. 63

divise en 81 diocèses dont 15 archevêchés et 66 évêchés, ainsi que l'indique le tableau suivant :

ARCHEVÊCHÉS.	ÉVÊCHÉS.
Aix	Gap, Digne, Marseille, Fréjus, Ajaccio, Alger.
Albi	Mende, Rodez, Cahors, Perpignan.
Auch	Tarbes, Aire, Bayonne.
Avignon	Valence, Viviers, Nîmes, Montpellier.
Besançon	Verdun, Metz, Nancy, Strasbourg, Saint-Dié, Belley.
Bordeaux	Luçon, Poitiers, la Rochelle, Angoulême, Périgueux, Agen.
Bourges	Limoges, Clermont-Ferrand, Tulle, Saint-Flour, le Puy.
Cambrai	Arras.
Lyon	Langres, Dijon, Autun, Saint-Claude, Grenoble.
Paris	Meaux, Versailles, Chartres, Orléans, Blois.
Reims	Amiens, Beauvais, Soissons, Châlons.
Rouen	Evreux, Bayeux, Coutances, Séez.
Sens	Troyes, Nevers, Moulins.
Toulouse	Montauban, Carcassonne, Pamiers.
Tours	Le Mans, Rennes, Saint-Brieuc, Quimper, Vannes, Nantes, Angers.

Questionnaire. — Par qui est administré un département ? Où réside le préfet ? Par qui est administré un arrondissement ? Une commune ? Combien y a-t-il de diocèses en France ? Combien d'archevêchés ? Combien d'évêchés ? Nommez chaque archevêché avec les évêchés qui en relèvent.

18. Des autres administrations de la France.

Sous le rapport de l'instruction publique la

France est divisée en 87 académies : une par département et une en Algérie. Les chefs-lieux des académies sont les mêmes que les siéges de préfecture, excepté dans le Nord, la Marne et les Bouches-du-Rhône où les chefs-lieux académiques sont : Douai, Reims et Aix.

Sous le rapport militaire la France est partagée en 21 divisions ; chacune d'elles renfermant plusieurs départements est commandée par un général de division.

Sous le rapport maritime en 5 arrondissements : *Cherbourg, Brest, Lorient, Rochefort,* et *Toulon.*

Sous le rapport judiciaire, il y a dans chaque canton un *juge de paix* ; dans chaque arrondissement un *tribunal de première instance* qui dépend de l'une des 27 *cours impériales* entre lesquelles sont partagés les départements (voir le tableau ci-après). Dans les villes les plus commerçantes il y a un *tribunal de commerce* et un *conseil de prud'hommes* dont les membres sont élus par les industriels et les ouvriers. Enfin à Paris se trouve la *cour de cassation*, qui veille à ce que les formes judiciaires soient observées ainsi qu'à la bonne interprétation des lois.

FRANCE.

SIÉGES DES COURS IMPÉRIALES.	RESSORT DES COURS IMPÉRIALES.
Agen	Lot-et-Garonne, Lot, Gers.
Aix	Bouches-du-Rhône, Basses-Alpes, Var.
Amiens	Somme, Oise, Aisne.
Angers	Maine-et-Loire, Mayenne, Sarthe.
Bastia	Corse.
Besançon	Doubs, Haute-Saône, Jura.
Bordeaux	Gironde, Dordogne, Charente.
Bourges	Cher, Indre, Nièvre.
Caen	Calvados, Manche, Orne.
Colmar	Haut-Rhin, Bas-Rhin.
Dijon	Côte-d'Or, Haute-Marne, Saône-et-Loire.
Douai	Nord, Pas-de-Calais.
Grenoble	Isère, Drôme, Hautes-Alpes.
Limoges	Haute-Vienne, Creuse, Corrèze.
Lyon	Rhône, Loire, Ain.
Metz	Moselle, Ardennes.
Montpellier	Hérault, Aveyron, Aude, Pyrénées-Orientales.
Nancy	Meurthe, Meuse, Vosges.
Nîmes	Gard, Ardèche, Lozère, Vaucluse.
Orléans	Loiret, Loir-et-Cher, Indre-et-Loire.
Paris	Seine, Seine-et-Oise, Eure-et-Loir, Seine-et-Marne, Marne, Aube, Yonne.
Pau	Bass.-Pyrénées, Landes, Haut.-Pyrénées.
Poitiers	Vienne, Deux-Sèvres, Vendée, Charente-Inférieure.
Rennes	Ille-et-Vilaine, Côtes-du-Nord, Finistère, Morbihan, Loire-Inférieure.
Riom	Puy-de-Dôme, Allier, Cantal, Haute-Loire.
Rouen	Seine-Inférieure, Eure.
Toulouse	Haute-Garonne, Tarn-et-Garonne, Tarn, Ariége.

Les finances de l'Etat sont perçues dans chaque département par un receveur général et les dépenses publiques sont acquittées par un payeur qui résident l'un et l'autre au chef-lieu. Dans chaque sous-préfecture réside un receveur particulier.

La cour des comptes qui siége à Paris vérifie la comptabilité générale de la France.

Parmi les institutions les plus importantes on doit citer la banque de France qui escompte des billets de commerce, fait des avances et a le privilége d'émettre des billets à vue au porteur.

Les *caisses d'épargne* qui offrent le moyen de se créer des économies par le versement de faibles sommes.

Les *caisses de retraites* destinées à créer pour les vieillards des rentes viagères, par des versements volontaires effectués à la caisse des dépôts et consignations.

Questionnaire. — Combien compte-t-on d'académies ? Quels en sont les chefs-lieux ? Combien compte-t-on de divisions militaires ? Combien d'arrondissements maritimes ? Comment se divise la France, sous le rapport judiciaire ? Nommez les siéges et le ressort des cours impériales. Comment sont perçues les finances de l'Etat ? Par qui sont acquittées les dépenses ? Quelles sont les fonctions de la cour des comptes ? Quels sont les établissements financiers les plus importants ?

19. Agriculture, productions, industrie, commerce.

L'agriculture est aussi avancée en France que dans les autres contrées de l'Europe ; dans plusieurs provinces elle est même portée au plus haut degré de perfection.

FRANCE.

Le sol de la France, fertile et cultivé avec soin dans presque toutes les régions, produit en abondance des grains de toute nature, des vins estimés, des fruits excellents, des forêts, des pâturages, etc.; il renferme de nombreuses mines de fer, de cuivre, de plomb, de zinc, de houille, ainsi que des carrières de marbre et de pierre. — Parmi les animaux sauvages on distingue l'ours, le loup, le renard, le sanglier, le cerf, le chevreuil, le lièvre, l'écureuil, etc. On trouve également en France un grand nombre d'oiseaux tels que le vautour, l'aigle, la perdrix, la caille, l'alouette, etc. Enfin parmi les animaux domestiques les plus communs sont : les chiens, les chats, les bœufs, les moutons, les chevaux, les mulets, les ânes, etc.

Les progrès de l'industrie, depuis la fin du xviiie siècle, ont été peut-être plus rapides encore que ceux de l'agriculture. Les principales usines et manufactures sont : les fonderies, les forges, les manufactures d'armes, de quincaillerie, d'horlogerie et d'orfévrerie; celles de poterie, de cristaux et de glaces; les fabriques de produits chimiques, les papeteries; les manufactures de soieries, de dentelles et de toutes sortes d'étoffes; les fabriques d'eau-de-vie, d'huile, de savon; les raffineries de sucre et de sel, les tanneries, etc.

Après l'Angleterre la France est assurément le pays le plus commerçant. Les principaux articles d'exportation sont les vins, l'eau-de-vie, le sucre, les grains, l'huile, le vinaigre, les fruits, le sel, le savon, les étoffes de toutes sortes, les tapisseries, les dentelles, le papier, les bijoux, etc., etc.

Questionnaire. — L'agriculture s'est-elle perfectionnée en France? Quelles sont les productions du sol? Quelles sont les mines les plus communes? Les carrières? Quels sont les animaux sauvages qu'on trouve en France? Quels oiseaux? Quels animaux domestiques? L'industrie est-elle en progrès? Quelles sont les principales usines et manufactures de France? Quels sont les articles de commerce les plus importants?

II. — BELGIQUE (4,300,000 habitants).

La Belgique, réunie à la Hollande par les traités de 1814, n'existe comme Etat distinct que depuis le 25 août 1830.

Elle est divisée en neuf provinces.

Le Brabant méridional, chef-lieu Bruxelles (120,000 h.), capitale de tout le royaume; la *province d'Anvers*, chef-lieu Anvers; la *Flandre orientale*, chef-lieu Gand, ville commerçante; la *Flandre occidentale*, chef-lieu Bruges; le *Hainaut*, chef-lieu Mons; la *province de Namur*, chef-lieu *Namur*, place forte sur la Meuse; la *province de Liége*, chef-lieu Liége; le *Luxembourg belge*, chef-lieu Arlon; le *Limbourg belge*, chef-lieu Hasselt.

Questionnaire.— Depuis quelle époque la Belgique forme-t-elle un État indépendant ? Comment divise-t-on ce royaume ? Citez chacune des neuf provinces avec leurs chefs-lieux. Quelle est la capitale de la Belgique ?

III. — HOLLANDE (2,800,000 habitants).

Par les traités de 1814, la Hollande formait, avec la Belgique, le royaume des Pays-Bas ; cette réunion a été rompue par la révolution du 25 août 1830, et depuis cette époque la Hollande forme un État distinct.

Elle se divise en onze provinces : La *Hollande septentrionale*, chef-lieu Amsterdam. Cette ville à cause de son importance et de sa population (240,000 habitants) est considérée comme la capitale de tout le royaume.

La *Hollande méridionale*, chef-lieu la Haye ; la *Frise*, chef-lieu Leeuwarden ; la *Groningue*, chef-lieu Groningue ; la *Drenthe*, chef-lieu Assen ; l'*Over-Yssel*, chef-lieu Zwolle ; la *Gueldre*, chef-lieu Arnheim ; l'*Utrecht*, chef-lieu Utrecht ; le *Brabant septentrional*, chef-lieu Bois-le-Duc ; la *Zélande*, chef-lieu Middelbourg ; le *Limbourg hollandais*, chef-lieu Maëstricht.

Le *grand-duché de Luxembourg*, chef-lieu Luxembourg, qui est compris dans la confédération germanique, fait partie de la Hollande.—Cet État possède l'*archipel hollandais*, dans le Zuyderzée et le groupe de Zéelande.

Possessions des Hollandais hors de l'Europe. — Les Hollandais possèdent : 1° en *Afrique*, Saint-Georges de la Mine dans la Guinée septentrionale ; 2° en *Amérique*, la Guiane hollandaise, Curaçao et quelques petites îles dans les Antilles ; 3° dans l'*Océanie*, une partie de l'île de Sumatra ; une partie de l'île de Java, cap. Batavia ; Amboine et quelques autres îles moins importantes.

Questionnaire. — Depuis quelle époque la Hollande a-t-elle été séparée de la Belgique ? Comment divise-t-on ce royaume ? Citez chaque province avec son chef-lieu. Quelle est la capitale de la Hollande ? Quelles sont les possessions des Hollandais en Afrique ? — en Amérique ? — dans l'Océanie ?

IV. — SUISSE (2,200,000 habitants).

La Suisse est divisée en vingt-deux cantons. — Six au nord qui sont : *Bâle, Soleure, Argovie, Zurich, Thurgovie* et *Schaffouse.* — Quatre à l'est qui sont : *Saint-Gall, Appenzel, Glaris,* les *Grisons.* — Deux au sud qui sont ceux du *Tésin* et du *Valais.* — Les cinq à l'ouest sont : *Berne, Neufchâtel, Fribourg, Vaud, Genève.* Le chef-lieu de ce dernier canton, Genève, est la ville la plus considérable de la Suisse (30,000 habitants). — Les cinq du centre sont *Zug, Lucerne, Schwitz, Unterwald, Uri.*

Questionnaire. — Comment se divise la Suisse ? Quels sont les six cantons du nord ? — les quatre de l'est ?

— les deux du sud ? — les cinq de l'ouest ? — les cinq du centre ?

V. — AUTRICHE (34,500,000 habitants).

Les pays qui composent l'empire d'Autriche, se divisent en treize provinces. Six sont comprises dans la confédération germanique, savoir : *l'archiduché d'Autriche*, capitale *Vienne* (350,000 habitants), la plus grande ville de l'Allemagne et la capitale de tout l'empire ; 2° la *Styrie*, capitale Grœtz ; 3° l'*Illyrie*, capitale Laybach ; 4° le *Tyrol*, capitale Inspruck, qui possède une université célèbre ; 5° le *royaume de Bohême*, capitale Prague ; 6° la *Moravie*, capitale Brunn. Près de cette ville se trouve *Austerlitz*, où les Français remportèrent, en 1805, une célèbre victoire sur les Autrichiens et les Russes.

Sept provinces ne font pas partie de la confédération, ce sont : 1° la *Gallicie*, capitale Lemberg ; 2° le *royaume de Hongrie*, capitale Bude (33,000 habitants), villes principales Presbourg et Pesth ; 3° la *Transilvanie*, capitale Klausenbourg ; 4° la *Slavonie*, capitale Eszech ; 5° la *Croatie*, capitale Agram ; 6° la *Dalmatie*, capitale Zara ; 7° le *royaume Lombard-Vénitien* (en Italie), capitale Milan.

Questionnaire. — Comment se divise l'Autriche ? Citez les six provinces comprises dans la confédération germanique avec leurs capitales, — les sept qui ne font point partie de la confédération.

VI. — PRUSSE (16,000,000 d'habitants).

Ce royaume se divise en huit provinces; six font partie de la Confédération Germanique, deux sont en dehors.

Les six provinces qui font partie de la confédération germanique, sont : 1° le *Brandebourg*, capitale Berlin (410,000 habitants), qui est aussi la capitale de tout le royaume; villes principales Postdam, Francfort-sur-l'Oder; 2° la *Poméranie*, capitale Stettin; 3° la *province de Saxe*, capitale Magdebourg; 4° la *Silésie*, capitale Breslau; 5° la *Westphalie*, capitale Munster; 6° la *province Rhénane*, formée du duché de *Clèves et Berg*, capitale Cologne, et du duché du *Bas-Rhin*, capitale Coblentz. Aix-la-Chapelle, qui fut la résidence de Charlemagne, et Trèves sont les villes principales de cette province.

2° Les deux provinces qui se trouvent en dehors de la confédération, sont : 1° La Prusse proprement dite qui se divise elle-même en deux parties : la *Prusse orientale*, capitale Kœnigsberg, et la *Prusse occidentale*, capitale Dantzig; 2° le *Grand-duché de Posen*, capitale Posen.

La Prusse possède encore trois îles dans la mer Baltique : *Wollin, Usedam et Rugen*.

Questionnaire. — Comment se divise la Prusse ? Citez les six provinces comprises dans la confédération, — les deux qui n'en font pas partie, — les îles.

VII. — ÉTATS SECONDAIRES DE L'ALLEMAGNE

(17,000,000 d'habitants).

Ces États forment avec une partie de l'Autriche et de la Prusse, la *Confédération germanique* ou *Allemagne*. Ils sont au nombre de trente-huit parmi lesquels on distingue ;

Quatre royaumes : la *Bavière*, capitale Munich (100,000 habitants); villes principales Ratisbonne et Augsbourg. — La *Saxe*, capitale Dresde (70,000 habitants); ville principale Leipzig, siége d'une grande université ; — le *Hanovre*, capitale Hanovre (30,000 habitants). — Le *Wurtemberg*, capitale *Stuttgard* (40,000 habitants); ville principale Ulm.

La principauté de la *Hesse électorale*, capitale Cassel (32,000 habitants).

Sept grands-duchés qui sont : *Mecklembourg-Schwérin*, capitale Schwérin ; *Mecklembourg-Strélitz*, capitale Strélitz ; *Oldenbourg*, capitale Oldembourg ; *Saxe-Weimar*, capitale Weimar ; ville principale Iéna, où les Français battirent les Prussiens en 1808. *Hesse-Darmstadt*, capitale Darmstadt ; ville principale Mayence; *Bade*, capitale Carlsruhe; ville principale Baden ; *Luxembourg*, capitale Luxembourg.

Cinq duchés, savoir : *Holstein*, capitale Kiel ; *Lauenbourg*, capitale Lauenbourg ; *Brunswick*, capitale Brunswick ; *Saxe-Co-*

bourg-Gotha, capitale Cobourg; *Nassau*, capitale Wiesbaden.

Quatre villes libres : *Lubeck* (25,000 habitants), *Hambourg* (135,000 habitants), *Brême* (42,000 habitants), *Francfort-sur-le-Mein* (56,000 habitants). Les affaires générales de la Confédération se règlent dans une assemblée permanente appelée Diète, dont le siége est à Francfort-sur-le-Mein.

Questionnaire. — Combien la confédération germanique comprend-elle d'Etats secondaires? Citez les quatre royaumes qui en font partie avec leurs capitales. Quelle est la principauté qui fait partie de la confédération? Quelle est sa capitale? Citez les sept grands-duchés avec leurs capitales, — les cinq duchés et leurs capitales, — les quatre villes libres. Comment se règlent les intérêts de la confédération?

CONTRÉES DU MIDI DE L'EUROPE.

Portugal, Espagne, Italie, Turquie, Grèce.

I. — PORTUGAL (3,534,000 habitants).

Ce royaume est divisé en six provinces. — La province *Entre-Douro-et-Minho*, capitale Braga; ville principale Porto; *Tras-os-Montes*, capitale Bragance; *Beira*, capitale Coimbre; l'*Estramadure*, capitale Lisbonne (226,000 habitants) qui est aussi la capitale du royaume et la résidence des souverains; l'*Alentéjo*, capitale Evora; l'*Algarve*, capitale Lagos.

ESPAGNE.

Possessions portugaises hors de l'Europe. Les Portugais possèdent, 1° en *Asie*, Diu et Goa, dans l'Hindoustan, et Macao, dans la Chine.

2° En *Afrique*, les îles Açores, Madère, les îles du cap Vert, l'île Saint-Thomas, une partie de la Guinée méridionale, le Mozambique, et plusieurs établissements dans le Monomotapa et sur la côte de Zanguebar.

3° Dans l'*Océanie*, un établissement à Timor.

Questionnaire. — Comment se divise le Portugal? Citez ses six provinces avec leurs capitales. Quelles sont les possessions du Portugal hors de l'Europe?

II. — ESPAGNE (14,660,000 habitants).

L'Espagne se divise en quarante-huit provinces qui sont enclavées dans quatorze grandes provinces ou royaumes, savoir :

Quatre au nord qui sont : la *Galice*, capitale Santiago de Compostelle ; les *Asturies*, capitale Oviédo ; les *provinces Basques*, capitale Bilbao ; la *Navarre*, capitale Pampelune.

Quatre au milieu qui sont : le royaume de *Léon*, capitale Léon ; ville principale Salamanque ; la *Vieille-Castille*, capitale Burgos ; la *Nouvelle-Castille*, capitale Madrid (200,000 habitants), capitale du royaume, ville principale Tolède, l'ancienne capitale de l'Espagne ; l'*Estramadure*, capitale Badajoz.

Deux au sud : L'*Andalousie*, capitale Séville; villes principales, Cordoue, Cadix, Grenade, Malaga ; le *royaume de Murcie*, capitale Murcie.

Quatre à l'est : L'*Aragon*, capitale Saragosse ; la *Catalogne*, capitale Barcelone ; le *royaume de Valence*, capitale Valence; les îles *Baléares*, capitale Palma.

Possessions espagnoles hors de l'Europe. — Les Espagnols possèdent, 1° en *Afrique*, Ceuta dans la Barbarie, et les îles Canaries ;

2° En *Amérique*, les îles de Cuba et de Porto-Rico ;

3° Dans l'*Océanie*, les Philippines et les Mariannes.

République d'Andorre. — Au nord-est de l'Espagne, entre la Catalogne et la France, est située la république d'Andorre. Ce petit Etat est placé sous la protection de la France et de l'Espagne, et se trouve comme enclavé dans leurs territoires. Il ne compte que 15,000 habitants qui sont répartis en trente-quatre villages ou hameaux, formant six communautés.

Sa capitale, *Andorre*, n'a que 2,000 habit.

Questionnaire. — Comment divise-t-on l'Espagne ? Citez les quatre provinces du nord, — les quatre du milieu, — les deux du sud, — les quatre situées à l'est. Quelles sont les possessions de l'Espagne hors de l'Europe ? — Où est située la république d'Andorre ? Quelle en est la population ? la capitale ?

ITALIE.

III. — ITALIE (16,914,000 habitants).

L'Italie se divise en huit Etats principaux.

1° Les *Etats du roi de Sardaigne*, qui se composent de la *Savoie*, capitale Chambéry ; du *Piémont*, capitale Turin ; du *duché de Gênes*, capitale Gênes ; du *comté de Nice*, capitale Nice, et de l'*île de Sardaigne*, capitale Cagliari.

2° Le royaume *Lombard-Vénitien* (qui appartient à l'Autriche), capitale Milan; villes principales Venise, Vérone, Padoue.

3° Le *duché de Parme*, capitale Parme.

4° Le *duché de Modène*, capitale Modène.

5° Le *grand-duché de Toscane*, capitale Florence ; ville principale Lucques ; l'*île d'Elbe* où Napoléon s'était retiré en 1814 dépend de ce duché.

6° Les *Etats de l'Eglise*, capitale Rome (155,000 habitants), la première ville du monde catholique ; villes principales, Bologne, Ravenne, Ancône.

7° La *république de Saint-Marin*, capitale Saint-Marin.

8° Le *royaume des Deux-Siciles*, capitale Naples ; villes principales Palerme, Messine, Tarente, Syracuse.

Questionnaire. — Comment divise-t-on l'Italie ? Citez ses huit Etats principaux et leurs villes remarquables.

IV. — TURQUIE (8,030,000 habitants).

Ce pays se divise en six provinces. Deux au nord qui sont : la *Bulgarie*, capitale Sophie; la *Bosnie*, capitale Bosna-Seraï.

Quatre au sud, qui sont : la *Romélie*, capitale Constantinople (600,000 habitants). Cette ville, appelée par les Turcs *Stamboul*, est la capitale de tout l'empire; villes principales, Andrinople et Salonique; l'*Albanie*, capitale Scutari; la *Thessalie*, capitale Larisse; l'île de *Candie*, capitale Candie.

Indépendamment de ces Etats, trois provinces, situées au nord de la péninsule, sont tributaires de la Turquie, savoir : la *Servie*, capitale Semendria, ville principale Belgrade, la plus forte place de l'Europe; la *Valachie*, capitale Bucharest; la *Moldavie*, capitale Yassy.

Possessions de la Turquie hors de l'Europe. — Les Turcs possèdent : 1° en *Asie*, la Turquie d'Asie et une partie de l'Arabie;

2° En *Afrique*, l'Egypte et les beyliks de Tunis et de Tripoli relèvent de la Turquie.

Questionnaire. — Comment divise-t-on la Turquie? Quelles sont les deux provinces du nord? — les quatre du sud? Quelles sont les provinces tributaires de la Turquie? Quelles sont les possessions de la Turquie hors de l'Europe?

GRÈCE.

V. — **GRÈCE** (689,000 habitants).

Ce petit royaume peut se diviser en trois parties : 1° la *Grèce propre*, capitale Athènes (40,000 habitants), siège du gouvernement; ville principale Lépante. 2° La *Morée*, villes principales, Corinthe, Patras, Nauplie. 3° La *Grèce insulaire* qui comprend l'île de Nègrepont, le groupe des Cyclades dont les îles les plus importantes sont : Andros, Myconi, Naxos, Paros, Milo, etc.

Questionnaire. — En combien de parties se divise la Grèce ? Quelles sont ses villes principales ?

ASIE.

(664,000,000 d'habitants.)

1. Bornes.

L'Asie, la plus considérable et la plus riche des parties du globe, est bornée au nord par l'océan Glacial arctique; à l'est par la mer de Behring et le Grand-Océan; au sud par la mer des Indes; à l'ouest par le fleuve et les monts Ourals, la mer Caspienne, le Caucase, la mer Noire et la mer de Marmara, les détroits de Constantinople et des Dardanelles, la Méditerranée, l'isthme de Suez et la mer Rouge.

Questionnaire. — Quelles sont les bornes de l'Asie au nord ? — à l'est ? — au sud ? — à l'ouest ?

2. Mers, détroits, golfes.

L'Asie est baignée par quatre grandes mers qui sont : l'*Océan Glacial Arctique*, au nord; le *Grand-Océan*, à l'est; l'*Océan Indien*, au midi; et la *Méditerranée*, à l'ouest.

Ces quatre grandes mers en forment dix petites :

L'Océan Glacial forme deux mers : la mer de *Kara* et la mer *Sibérienne*.

Le Grand-Océan en forme cinq : la mer de *Behring*, la mer d'*Okostk*, la mer du *Japon*, la mer de *Corée* et la mer de *Chine*.

ASIE.

L'Océan Indien en forme deux : la mer d'*Oman* et la mer *Rouge*.

Enfin, la Méditerranée en forme trois : l'*Archipel*, la mer de *Marmara* et la mer *Noire*.

La mer *Caspienne* qui baigne le Turkestan et la Perse, et la mer d'*Aral*, dans le Turkestan, sont de grands lacs salés.

On remarque dix détroits principaux en Asie : à l'ouest, les détroits de *Constantinople* et des *Dardanelles*, entre la Turquie d'Europe et la Turquie d'Asie ; au sud, le détroit de *Bab-el-Mandeb*, entre l'Arabie et l'Afrique ; le détroit d'*Ormuz*, entre l'Arabie et la Perse ; le détroit de *Palk*, au sud de l'Hindoustan ; le détroit de *Malacca*, au sud de l'Indo-Chine ; à l'est, le détroit de *Corée*, entre la Chine et le Japon ; le canal de *Formose* ou de *Fokien*, qui fait communiquer la mer de Corée avec la mer de la Chine ; la *Manche de Tartarie*, entre l'île de Tchoka et la Chine ; et le détroit de *Behring*, entre l'Asie et l'Amérique.

On compte en Asie neuf golfes principaux, qui sont :

Le golfe de l'*Obi* formé par la mer Sibérienne ; le golfe d'*Anadyr* formé par la mer de Behring ; le golfe de *Penjenskoï* formé par la mer d'Okotsk, au nord de la Sibérie ; le golfe de *Petchili* formé par la mer de Corée ; le golfe de *Tonquin* et le golfe de *Siam*, tous deux formés par la mer de Chine ; le golfe de *Bengale* formé par l'Océan Indien ; le golfe de

Cambaie et le golfe *Persique* formés par la mer d'Oman.

Questionnaire. — Par quelles grandes mers l'Asie est-elle baignée? Quelles sont les mers que forme l'Océan Glacial? — le Grand-Océan? — l'Océan Indien? — la Méditerranée? Qu'est-ce que la mer Caspienne et la mer d'Aral? — Quels sont les principaux détroits de l'Asie? — Combien y a-t-il de golfes? Nommez-les.

3. Iles.

Les îles de l'Asie se divisent en cinq classes : îles de l'Océan Glacial, de la Méditerranée, du golfe Persique, de l'Océan Indien, du Grand-Océan et de ses différentes branches.

Les îles de l'Océan Glacial sont : 1° l'archipel de la *Nouvelle-Sibérie*, qui comprend la Nouvelle-Sibérie, l'île Kotelnoï, l'île Liakof, etc.; 2° les îles aux *Ours*, groupe d'îlots à l'est de la Nouvelle-Sibérie.

Les îles de la Méditerranée sont : les *Sporades*, *Rhodes* et *Chypre*.

Les îles du golfe Persique sont : les îles *Bahréin*, petit archipel dont l'île principale est Bahréin.

Les îles de l'Océan Indien sont : l'archipel des *Laquedives*, l'archipel des *Maldives*, l'île de *Ceylan*; le groupe d'*Andaman*, île principale la Grande-Andaman; le groupe de *Nicobar*, île principale Nicobar; et l'archipel de *Merghi*, dont l'île principale est Domel.

Les îles du Grand-Océan et de ses différentes branches sont : 1° dans la mer de la Chine, l'île *Haïnan*, le groupe de *Macao*, île principale Macao ; 2° entre la mer de la Chine et la mer Bleue : l'*archipel de Formose*, île principale Formose ; 3° dans la mer Bleue : l'*archipel de Tchousan*, île principale Tchousan ; 4° dans la mer Jaune : l'*archipel de Corée*, île principale Quelpaert ; 5° dans le Grand-Océan : l'*archipel Liéou-Kiéou*, île principale Liéou-Kiéou ; 6° l'*archipel du Japon*, dont les plus grandes îles sont Niphon, Yasso ou Matsumaï, Tchoka ou Tarrakaï ; 7° l'*archipel des Kouriles*.

Questionnaire. — En combien de classes peut-on diviser les îles de l'Asie ? Quelles sont les îles de l'Océan Glacial ? — de la Méditerranée ? — du golfe Persique ? — de l'Océan Indien ? — du Grand-Océan ?

4. Presqu'îles, caps.

On compte en Asie huit presqu'îles, quatre grandes : l'*Indo-Chine* ou *presqu'île orientale des Indes* ; la *presqu'île occidentale de l'Inde* ; l'*Arabie* et l'*Anatolie* ; — quatre petites : le *Kamtchatka*, entre la mer de Behring et la mer d'Okotsk ; la *Corée*, à l'est de la Chine ; la presqu'île de *Malacca*, au sud de l'Indo-Chine ; et le *Guzzerat*, à l'ouest de l'Hindoustan.

Les sept principaux caps de l'Asie sont : le cap *Baba*, à l'ouest de la Turquie d'Asie ; le cap *Bab-el-Mandeb* et le cap *Raz-el-Gat*, au sud de l'Arabie ; le cap *Comorin*, au sud de l'Hindoustan ; le cap *Romania*, au sud de la presqu'île de Malacca ; le cap *Oriental*, à l'est de la Sibérie ; et le cap *Septentrional*, au nord.

Questionnaire. — Combien compte-t-on de presqu'îles en Asie? Quelles sont les quatre grandes? Les quatre petites? — Quels sont les principaux caps?

5. Montagnes, lacs, fleuves et rivières.

Les montagnes de l'Asie peuvent se diviser en sept systèmes principaux : 1° le système de l'*Altaï*, au nord de l'Asie, s'étend au sud de la Sibérie ; 2° le système de l'*Himalaya* se divise en deux chaînes principales : l'*Himalaya* qui sépare le Thibet de l'Inde septentrionale, et le *Bolor*, à l'ouest de l'Himalaya, qui s'étend du sud au nord ; 3° le système *indien*, comprenant les monts *Ghattes* et *Moggs* ; 4° le système *Arabique*, qui comprend toutes les montagnes de l'Arabie ; 5° le système *Tauro-Caucasien*, qui comprend le *Taurus* dans la Turquie d'Asie, et le *Caucase*, situé entre la mer Noire et la mer Caspienne ; 6° le système *Ouralien* qui forme la limite entre l'Europe et l'Asie ; 7° le système *Maritime*, qui comprend toutes les montagnes de l'archipel japonais et kourilien, et toutes celles du Kamtchatka.

Les trois lacs les plus remarquables de l'Asie sont : le lac *Baïkal* au nord de la Sibérie ; le lac d'*Aral*, dans la Tartarie indépendante, et le lac *Asphaltite* ou mer Morte, dans la Turquie d'Asie.

On compte dix-huit fleuves principaux en Asie, ce sont : l'*Obi*, l'*Iénisséi* et la *Léna* ou *Paresseuse*, qui se jettent dans l'Océan Glacial ; l'*Amour* ou *Saghalien*, qui se jette dans la mer d'Okotsk; le *Hoang-Ho* et le *Kiang*, qui se jettent dans la mer Jaune; le *Méi-Kong* et le *Méi-Nam*, qui se jettent dans la mer de la Chine; le *Salouen*, l'*Iraouaddy*, le *Brahmapoutre*, le *Gange*, le *Godavéry* et le *Kistnah*, qui se jettent dans le golfe du Bengale; le *Sind* ou *Indus*, qui se jette dans le golfe d'Oman; le *Chat-el-Arab*, qui se jette dans le golfe Persique; le *Sihoun* et le *Djihoun*, qui se jettent dans le lac d'Aral.

Les sept rivières principales sont : le *Tobol* et l'*Irtich*, qui se jettent dans l'Obi; l'*Angara*, qui se jette dans l'Iénisséï; la *Djemna*, qui se jette dans le Gange; le *Penjab*, qui se jette dans le Sind; le *Tigre* et l'*Euphrate*, qui forment le Chat-el-Arab.

Questionnaire. — En combien de systèmes peut-on diviser les montagnes de l'Asie? Quels sont ces systèmes? — Citez les principaux lacs. — Combien compte-t-on de fleuves principaux? Nommez-les. — Combien de rivières principales? Nommez-les.

6. Climat, religions.

Au nord de l'Asie s'étendent, sur les bords de la mer Glaciale, de vastes plaines désolées par le froid et presque inhabitées, tandis qu'au midi se trouvent les plus fertiles et les plus riches contrées de l'univers qui produisent les végétaux les plus précieux et des fruits excellents. Cette végétation magnifique couvre un sol qui renferme, en beaucoup d'endroits, des mines de métaux précieux, de pierres fines et de diamants. On pêche des perles sur plusieurs côtes de ces belles contrées.

Les animaux sauvages et féroces, tels que l'éléphant, le rhinocéros, le tigre, le lion, etc., habitent l'Asie.

Les différentes religions de l'Asie sont le christianisme qui domine à l'ouest, le mahométisme au sud-ouest, le brahmanisme au sud, le bouddhisme au sud-est, la religion de Confucius en Chine, celle de Sinto au Japon et différentes sectes idolâtriques.

Questionnaire. — Quel est le climat de l'Asie? Quelles sont les productions? — Quelles sont les différentes religions?

7. Divisions de l'Asie.

L'Asie se divise en onze contrées principales : Une au nord : la Sibérie ou Russie d'Asie, capitale *Tobolsk.*

Quatre au centre : 1° la Turquie d'Asie, villes principales, *Smyrne, Damas, Jérusalem, Bagdad* ; 2° la Tartarie indépendante, villes principales, *Boukhara, Samarkand, Khiva* ; 3° la Chine, capitale, *Péking* ; 4° le Japon, capitale, *Yédo.*

Six au midi, qui sont : 1° l'Arabie, ville principale, *la Mecque* ; 2° la Perse, capitale, *Téhéran* ; 3° l'Afghanistan, capitale, *Caboul* ; 4° le Bélouchistan, capitale, *Kélat* ; 5° l'Hindoustan, villes principales, *Délhy, Calcutta, Pounah, Bombay, Madras* et *Pondichéry* ;

ASIE.

6° l'Indo-Chine, villes principales, *Oummérapoura, Ava, Saigon, Bankok* et *Malacca*.

Questionnaire. — En combien de contrées principales se divise l'Asie? Citez celle du nord, — les quatre du centre, — les six du midi.

AFRIQUE.

(100,000,000 d'habitants.)

1. Bornes, golfes, détroits.

L'Afrique est la troisième partie de l'ancien continent; elle forme une immense presqu'île rattachée à l'Asie par l'isthme de Suez. Elle est bornée au nord par la Méditerranée; à l'est par l'isthme de Suez, la mer Rouge et l'océan Indien; au sud par le Grand-Océan; à l'ouest par l'océan Atlantique.

Les mers qui baignent les côtes de l'Afrique forment six principaux golfes : les golfes de la *Syrte* et de *Cabès*, formés par la Méditerranée; le golfe de *Guinée*, formé par l'océan Atlantique; les baies de *Lagoa* et de *Sofala*, formées par l'océan Indien; le golfe d'*Aden*, formé par la mer Rouge.

Il y a en Afrique trois détroits :

Le détroit de *Gibraltar*, entre la Méditerranée et l'Océan; le *canal de Mozambique*, au sud-est, entre l'île de Madagascar et le Continent; le détroit de *Bab-el-Mandeb*, qui unit la mer Rouge au golfe d'Aden.

Questionnaire. — Quelles sont les bornes de l'Afrique ? — Combien y a-t-il de golfes ? Quels sont-ils ? — Quels sont les détroits ?

2. Iles, caps.

On compte en Afrique quatorze îles ou

AFRIQUE. 89

groupes principaux, savoir : huit dans l'océan Atlantique, qui sont : l'archipel des *Açores*, les îles de *Madère*, les îles *Canaries*, les îles du *Cap-Vert*, l'île *Principe* dans le golfe de Guinée, les îles *Saint-Matthieu*, de *l'Ascension*, de *Sainte-Hélène*, où mourut Napoléon.

Six dans la mer des Indes : *Socotora*, les *Seychelles*, *Zanzibar*, les îles *Comores*, *Madagascar* et les *Mascaréignes*, au nombre desquelles sont : l'île *Bourbon*, l'île de *France* ou *Maurice*, et l'île *Rodrique*.

Les seize caps les plus importants de l'Afrique sont : les caps *Bon*, *Serrat*, *Ceuta*, dans la Barbarie ; le cap *Blanc*, dans le Sahara ; le cap *Sainte-Marie*, le cap *Rouge*, dans la Sénégambie ; le cap des *Palmes* et celui des *Trois-Pointes*, dans la Guinée septentrionale ; les caps *Lopez* et *Négro*, dans la Guinée méridionale ; le cap de *Bonne-Espérance* et le cap des *Aiguilles*, dans le gouvernement du Cap ; le cap *Delgado*, au nord de la Mozambique ; le cap *Guardafui*, au nord de la côte d'Ajan ; le cap *Natal*, au nord de Madagascar.

Questionnaire. — Combien compte-t-on d'îles qui dépendent de l'Afrique ? Quelles sont celles de l'Océan Atlantique ? — celles de la mer des Indes ? — Combien compte-t-on de caps ? Quels sont-ils ?

3. Montagnes, volcans, lacs, fleuves.

Il y a en Afrique cinq grandes chaînes de montagnes : le mont *Atlas* qui s'étend le long de la Barbarie ; les montagnes de *Kong* qui séparent la Nigritie de la Guinée; les monts *Alkumr* ou de la *Lune*, au sud de la Nigritie et de l'Abyssinie; les monts *Lupata* ou l'*Epine du monde*, le long de la côte orientale de l'Afrique; enfin les montagnes de *Madagascar* qui parcourent dans toute son étendue l'île de ce nom.

On remarque en Afrique quatre volcans :

Le *pic de Ténériffe* et le *volcan de la Corona*, dans l'archipel des Canaries; le *pic du Feu*, dans l'archipel du Cap-Vert, et le *volcan de l'île Bourbon*.

Il y a en Afrique quatre principaux lacs: le lac *Loudéah*, dans la Barbarie; le lac *Kéroun* ou *Mœris*, en Egypte; le lac *Tchad*, en Nigritie, et le lac *Dembéa*, dans l'Abyssinie.

On compte sept fleuves principaux : un qui se jette dans la Méditerranée, c'est le *Nil;* cinq qui se jettent dans l'océan Atlantique, ce sont le *Sénégal*, la *Gambie*, le *Niger* ou *Dioliba*, le *Zaïre* et l'*Orange*; un qui se jette dans la mer des Indes, c'est le *Zambèze*.

Questionnaire. — Combien y a-t-il de chaînes de montagnes en Afrique? Quelles sont-elles ? — Combien remarque-t-on de volcans ? Nommez-les. — Quels sont les principaux lacs ?— Combien y a-t-il de fleuves principaux ? Quels sont-ils ?

4. Climat, population, religions.

Comme l'équateur partage ce pays en deux parties presque égales, les rayons du soleil y tombent perpendiculairement pendant toute l'année, et il en résulte une chaleur extraordinaire.

Les côtes sont généralement fertiles, mais à l'intérieur s'étendent de vastes déserts sablonneux où l'on trouve seulement quelques points couverts de verdure appelés *oasis*. Aux bords des fleuves la végétation est d'une vigueur prodigieuse : le cocotier, le dattier, le bananier, fournissent par leurs fruits à la nourriture de l'homme ; le blé, le maïs, la canne à sucre croissent dans les pays cultivés. Les déserts sont peuplés d'animaux féroces : les lions, les tigres, les panthères, les léopards, les crocodiles et les serpents ; ils sont habités aussi par l'hippopotame, le rhinocéros, le dromadaire, la giraffe, le zèbre, etc. Parmi les oiseaux on remarque l'autruche dont les plumes sont fort recherchées.

Les peuples de cette partie du monde se divisent en deux grandes races, la *race blanche* ou *caucasienne*, à laquelle appartiennent les habitants des contrées septentrionales, et la *race nègre*, qui est répandue dans presque toute l'étendue de cette vaste péninsule. Le nord a été peuplé, en grande partie, par les Arabes, qui sont tous mahométans. Les nègres sont idolâtres, mais les colonies européennes répandues le long des côtes et dans les îles voisines renferment un assez grand nombre de chrétiens, qui sont catholiques, pour la plupart.

Questionnaire. — Quel est le climat de l'Afrique ? Quelles sont ses productions ? — A quelles races appartiennent ses habitants ? Quelle est leur religion ?

5. Divisions de l'Afrique.

On divise l'Afrique en dix-neuf contrées, dont trois au nord, sept au centre, et neuf au sud.

Les trois au nord sont : 1° la Barbarie, qui se subdivise en quatre Etats : l'empire du *Maroc*, l'*Algérie*, la régence de *Tunis* et celle de *Tripoli*. — L'Algérie est une vaste province dont la France possède une partie. Sa capitale est *Alger* et ses villes principales sont : *Constantine, Oran, Bougie, Bone* et *Mazagran*; 2° l'*Egypte*, capitale, *le Caire*; 3° le *Sahara* ou Grand-Désert; ville principale, *Agably*.

Les sept au centre sont : 1° la *Sénégambie*, villes principales, *Saint-Louis, Bambouk* et *Timbo*; 2° la *Guinée septentrionale*, villes principales, *Coumassie, Abomey* et *Bénin*; 3° la *Nigritie* ou *Soudan*, villes principales, *Ségo, Tombouctou, Sackatou, Bornou* et *Cobbé*; 4° la *Nubie*, villes principales, *Dongolah* et *Sennaar*; 5° l'*Abyssinie*, ville principale, *Gondar*; 6° le royaume d'*Adel*, capitale, *Zeila*; 7° l'*Ajan*.

Les neuf au sud sont : 1° la *Guinée méridionale*, ville principale, *San-Salvador*; 2° le pays des *Hottentots*; 3° le gouvernement du Cap, capitale, *le Cap*; 4° la *Cafrerie*; 5° le *Monomotapa*, villes principales, *Zimbavë* et *Sofala*; 6° le *Mozambique*, capitale, *Mozambique*; 7° le

AFRIQUE.

Zanguebar, ville principale, *Mélinde* ; 8° la vaste contrée, encore inconnue, qui est située entre la Nigritie et le pays des Hottentots ; 9° l'île de *Madagascar*, villes principales, *Tananarivou* et *Tamatave*.

Questionnaire. — En combien de contrées se divise l'Afrique ? Citez les trois qui sont au nord, — les sept du centre, — les neuf du sud.

AMÉRIQUE.

(48,000,000 d'habitants.)

1. Bornes, mers, détroits, golfes.

L'Amérique, appelée aussi le Nouveau Monde, fut découverte par Christophe Colomb en 1492. Elle est bornée au nord par l'océan Glacial arctique; à l'est par l'océan Atlantique; au sud, par l'océan Austral; à l'ouest par le grand-océan Pacifique, la mer et le détroit de Behring.

Ces grandes mers en forment plusieurs autres :

L'Océan Glacial Arctique en forme quatre au nord : la mer du *roi Guillaume*, la mer *Polaire*, la mer d'*Hudson* et la mer de *Baffin*; l'Océan Atlantique forme la mer des *Antilles*, où se trouvent les îles de ce nom; le Grand-Océan Pacifique forme, au nord, la mer de *Behring*.

On compte en Amérique neuf détroits principaux, qui sont :

Le détroit de *Behring*, entre l'Asie et l'Amérique; les détroits de *Lancastre*, de *Davis*, de *Cumberland* et d'*Hudson*, au nord de la Nouvelle-Bretagne; le détroit de *Belle-Ile*, à l'est de la Nouvelle-Bretagne; le canal de *Bahama*, au sud des Etats-Unis; les détroits de *Magellan* et de *Lemaire*, au sud de la Patagonie,

AMÉRIQUE.

Il y a en Amérique trois grands golfes.

Le golfe de *Saint-Laurent* formé par l'océan Atlantique ; le golfe du *Mexique*, formé par la mer des Antilles ; et le golfe de *Californie* qu'on nomme aussi *mer Vermeille*, formé par le grand-océan Pacifique.

Parmi les petits golfes on distingue :

La baie de *Chesapeak* à l'est des Etats-Unis ; la baie de *Campêche*, au fond du golfe du Mexique ; la baie de *Honduras* dans la mer des Antilles ; la baie de *Maracaïbo* au nord de la Colombie ; la baie de *Guayaquil* à l'ouest de cette même contrée, et la baie de *Panama* à l'ouest de l'isthme du même nom.

Questionnaire. — Quelles sont les bornes de l'Amérique ? — Quelles sont les mers formées par l'Océan Glacial ? — Par l'Océan Atlantique ? — Par le Grand-Océan Pacifique ? — Combien y a-t-il de détroits ? Nommez-les. Quels sont les grands golfes de l'Amérique ? Quels sont les petits golfes ou baies remarquables ?

2. Iles, presqu'îles, caps, isthme.

Les îles de l'Amérique peuvent se diviser en dix-neuf îles ou groupes principaux, qui sont :

1° L'île de *Groënland*, dans l'océan Glacial ;

2° Les îles de la mer de *Baffin*.

3° Six dans l'océan Atlantique, savoir : les îles du golfe *Saint-Laurent*, *Long-Island*, les *Bermudes*, les *Lucayes*, les *Grandes-Antilles* et les *Petites-Antilles*.

4° Sept dans le Grand-Océan au sud, savoir : la *Nouvelle-Géorgie*, les îles *Malouines*, l'archipel de *Magellan*, l'archipel de la *Mère de Dieu*, l'île de *Chiloé*, les îles de *Juan Fernandez* et de *Galapagos*.

5° Trois dans le Grand-Océan, au nord ; les îles de *Révilla-Gigédo*, l'archipel de *Quadra-et-Vancouver*, et l'île de *Kodiak*.

Les îles de la mer de *Behring*.

Il y a six presqu'îles remarquables en Amérique : le *Labrador* et la *Nouvelle-Ecosse* ou *Acadie* dans la Nouvelle-Bretagne ; la *Floride*, au sud-est des Etats-Unis ; la *Californie* et le *Yucatan*, dans le Mexique ; la presqu'île d'*Alaska* dans l'Amérique russe.

On compte douze caps principaux en Amérique ; neuf à l'est : le cap *Farewell*, au sud du Groënland ; les caps *Wostenholm* et *Charles* dans le Labrador ; le cap *Sable*, au sud de la Nouvelle-Ecosse ; le cap *Tancha*, au sud de la Floride ; le cap *Catoche*, au nord-est du Yucatan ; le cap *Saint-Roch*, à l'est du Brésil ; le cap *Froward*, à la pointe sud de l'Amérique méridionale ; et le cap *Horn*, au sud de l'archipel de Magellan.

Trois à l'ouest : le cap *Blanc*, au nord du Pérou ; le cap *Saint-Lucas*, au sud de la Californie ; le cap *Occidental*, à l'ouest de l'Amérique russe, vis-à-vis du cap Oriental situé en Asie.

Il n'y a en Amérique qu'un isthme, c'est l'isthme de *Panama*, qui unit l'Amérique septentrionale à l'Amérique méridionale.

AMÉRIQUE.

Questionnaire. — En combien de groupes principaux peuvent se diviser les îles de l'Amérique ? Citez chacun de ces groupes. — Combien y a-t-il de presqu'îles ? Quelles sont-elles ? — Combien compte-t-on de caps principaux ? Citez-les. — Quel est l'isthme qui sépare les deux Amériques ?

3. Montagnes, lacs.

Il y a en Amérique cinq grandes chaînes de montagnes, qui sont :

Les monts *Alleghanys*, qui traversent les Etats-Unis du sud-ouest au nord-est ; les monts *Rocheux* et les *Cordillères*, qui traversent l'Amérique septentrionale du nord au sud ; le système des *Andes*, qui parcourt l'Amérique méridionale du nord au sud, le long des côtes de l'Océan ; le système de la *Parime* ou de la *Guyane* ; et le système *Brésilien*.

Ces montagnes renferment un très-grand nombre de volcans, parmi lesquels on remarque :

Le mont *Saint-Elie* dans l'Amérique russe ; le mont *Popocatepetl* dans le Mexique ; le *Cotopaxi* et le *Pichinca* dans la Colombie ; le volcan d'*Aréquipa* dans le Pérou.

On distingue en Amérique onze lacs principaux qui sont : le lac de l'*Esclave* et le lac *Winnipeg* dans la Nouvelle-Bretagne ; les lacs *Supérieur*, *Michigan*, *Huron*, *Erié* et *Ontario* au nord des Etats-Unis ; le lac *Nicaragua* dans le *Guatémala* ; le lac *Maracaïbo* dans la Colombie ; le lac *Titicaca* dans le Pérou ; et le lac de *los Patos* au sud du Brésil.

AMÉRIQUE.

Questionnaire. — Combien y a-t-il de chaînes de montagnes en Amérique ? Quels sont les principaux volcans ? — Combien y a-t-il de lacs principaux ? Citez-les.

4. Fleuves et rivières.

On compte en Amérique treize fleuves principaux, sept dans l'Amérique septentrionale, qui sont : le fleuve *Mackenzie*, qui se jette dans la mer Polaire ; le fleuve *Nelson*, qui se jette dans la baie d'Hudson ; le fleuve *Saint-Laurent*, qui se jette dans l'Océan Atlantique ; le *Mississipi* et le *Rio-del-Norte*, qui se jettent dans le golfe du Mexique ; la *Colombia* ou *Orégon*, qui se jette dans le Grand-Océan ; et le *Rio-Colorado*, qui se jette dans le golfe de Californie ;

Six dans l'Amérique méridionale, ce sont : la *Madeleine*, qui se jette dans la mer des Antilles ; l'*Orénoque*, le fleuve des *Amazones*, le *Rio-Tocantin*, le *San-Francisco*, et la *Plata*, qui se jettent dans l'Océan Atlantique.

Les quinze principales rivières sont : le *Missouri*, l'*Ohio*, l'*Arkansas* et la rivière *Rouge*, qui se jettent dans le Mississipi ; l'*Ucayalé*, le *Rio-Négro*, la *Madeira*, le *Topayos* et le *Xingu*, qui se jettent dans l'Amazone ; l'*Araguay* qui se jette dans le Tocantin ; le *Cassiquiaré*, qui fait communiquer l'Orénoque avec le Rio-Négro et l'Amazone ; le *Paraguay*, le *Parana*, le *Pilcomayo* et l'*Uruguay* qui forment la Plata.

Questionnaire. — Combien compte-t-on de fleuves principaux en Amérique ? Quels sont les sept de l'Amérique septentrionale ? — les six de l'Amérique méridionale ? Quelles sont les principales rivières ?

AMÉRIQUE.

5. Climat, religions.

L'Amérique, à cause de son étendue, offre une grande variété de climats. Mais il est à remarquer qu'à latitude égale la température y est plus basse que dans les autres parties de la terre ; cela tient à la hauteur des montagnes, au grand nombre de rivières, de lacs et de forêts. Dans les régions polaires le froid est si vif qu'il n'y a presque aucune végétation ; mais en avançant vers le midi on rencontre le cotonnier, le cacaoyer, le caféier, la canne à sucre, etc. C'est du Nouveau-Monde que nous est venue la pomme de terre, cette plante d'une si grande utilité. L'Amérique possède aussi des mines qui semblent inépuisables.

La religion catholique est dominante dans presque toute l'Amérique ; cependant il y a aussi des protestants et quelques peuplades sauvages sont encore idolâtres.

Questionnaire. — Quel est le climat de l'Amérique ? Quelles sont les productions ? — Quelles sont les religions qui sont professées en Amérique ?

6. Divisions de l'Amérique.

L'Amérique se divise en deux grandes parties, l'*Amérique septentrionale* et l'*Amérique méridionale*, qui sont jointes par l'isthme de Panama.

On compte dans l'Amérique septentrionale six contrées qui sont :

L'Amérique russe, dont le principal établissement est la *Nouvelle-Arkhangel*; le Groënland, ville principale, *Frédérikshaab;* la Nouvelle-Bretagne, capitale, *Québec*; les Etats-Unis, capitale, *Washington*, villes principales, *New-York, Philadelphie*, la *Nouvelle-Orléans;* le Mexique, capitale, *Mexico;* le Guatémala ou Amérique centrale, capitale, *Guatémala.*

L'Amérique méridionale comprend neuf contrées qui sont : la Colombie, villes principales, *Santa-Fé-de-Bogota, Caracas* et *Quito*; la Guiane, villes principales, *Cayenne* et *Paramaribo*; le Brésil, capitale, *Rio-Janeiro*; le Pérou, capitale, *Lima*; le haut Pérou ou Bolivia, capitale, *Chuquisaca* ou la *Plata*; le Paraguay, capitale, l'*Assomption*; la Plata ou république Argentine, capitale, *Buénos-Ayres*; le Chili, capitale, *Santiago*; et la Patagonie, qui est peu habitée.

Questionnaire. — Comment se divise l'Amérique? Quelles sont les six contrées de l'Amérique septentrionale? —les neuf de l'Amérique méridionale?

OCÉANIE.
(30,000,000 d'habitants.)

1. Détroits, climat, religions et divisions.

L'Océanie est composée de toutes les îles de l'océan Pacifique. Elle est des cinq parties du monde celle qui occupe sur le globe le plus grand espace ; mais les mers qui séparent ses îles et ses archipels sont si nombreuses et si étendues, qu'après l'Europe elle est néanmoins celle qui renferme le moins de terres.

Les mers forment un grand nombre de détroits dont les principaux sont :

Le détroit de *Malacca* à l'ouest, entre la presqu'île de Malacca et l'île de Sumatra ; le détroit de la *Sonde*, entre l'île de Sumatra et celle de Java ; le détroit de *Macassar*, entre l'île Bornéo et l'île des Célèbes ; le détroit de *Torres*, entre la Nouvelle-Guinée et la Nouvelle-Hollande ; le détroit de *Bass*, entre la Nouvelle-Hollande et la terre de Diémen ; enfin le détroit de *Cook*, qui sépare la Nouvelle-Zélande en deux îles.

Les îles de l'Océanie jouissent en général d'un climat chaud, mais tempéré par le voisinage de la mer. Dans quelques-unes la nature a déployé toutes ses richesses, dans quelques autres on trouve des plantes et des animaux extraordinaires.

6.

Les missionnaires ont pénétré dans plusieurs parties de l'Océanie, cependant les mahométans et les idolâtres y dominent encore.

L'Océanie se divise en trois parties principales : 1° la *Notasie* ou *Malaisie*, 2° la *Mélanésie* appelée aussi *Australie*, 3° la *Polynésie*.

Questionnaire. — De quelles îles se compose l'Océanie? — Des cinq parties du monde, l'Océanie est-elle la plus étendue?—Quels sont les principaux détroits? — Quel est le climat de l'Océanie? Quelles sont les religions qui y dominent? — Quelles sont les divisions de l'Océanie?

2. Malaisie.

La Malaisie, bornée au nord par la mer et les îles du Japon, à l'ouest par la mer de la Chine et la presqu'île de Malacca, au sud par l'océan Indien, à l'est par la Mélanésie et la Polynésie, comprend cinq groupes principaux : les îles de la *Sonde*; le groupe de *Bornéo*; le groupe des *Célèbes*; l'archipel des *Moluques* et l'archipel des *Philipines*. — Les principales îles de la Sonde sont : Java, capitale, *Batavia*; Sumatra, villes principales, *Achem*, *Padang* et *Palembang*; *Sumbava*, *Florès*, *Sumba* et *Timor*.

Le groupe de Bornéo comprend, avec plusieurs petites îles, la grande île de *Bornéo* qui a pour capitale la ville de ce nom.

Le groupe des Célèbes ne renferme également qu'une seule île remarquable, celle des *Célèbes*, la ville principale est *Macassar*.

OCÉANIE.

Les principales îles des Moluques sont : *Gilolo*, *Banda*, *Céram* et *Amboine*.

Les principales îles des Philippines sont : *Luçon*, capitale, *Manille*; *Mindanao*, capitale, *Mindanao* ou *Selangan*, et l'île de *Palaouan*.

Questionnaire. — Quelles sont les bornes de la Notasie ou Malaisie ? Combien comprend-elle de groupes d'îles ? Citez les principales îles de la Sonde et les villes principales. Quelle est la capitale de l'île de Bornéo ? — de l'île des Célèbes ? Quelles sont les principales îles des Moluques ? — des Philippines ?

3. Mélanésie ou Australie.

La Mélanésie est bornée au nord par la Polynésie et la Malaisie ; à l'ouest par l'océan Indien ; au sud par le grand-océan Austral. Elle peut se diviser en deux parties : 1° le *continent Austral*, ou *Nouvelle-Hollande*, capitale *Sidney*; 2° les *îles* dont les principales sont : la *Tasmanie* ou *terre de Diémen*, la *Papouasie* ou *Nouvelle-Guinée*, la *Nouvelle-Irlande*, la *Nouvelle-Bretagne*, l'archipel de *Salomon*, appelé aussi *Nouvelle-Géorgie*; l'archipel de la *Pérouse*, dont *Vanikoro* est l'île la plus remarquable ; l'archipel des *Nouvelles-Hébrides* ou du *Saint-Esprit*; l'archipel de la *Nouvelle-Calédonie* et celui de la *Nouvelle-Zélande*.

Questionnaire. — Quelles sont les bornes de la Mélanésie ? Comment se divise-t-elle ? Citez chacune de ses parties.

4. Polynésie.

La Polynésie, située à l'est, est appelée pour

ce motif Océanie orientale. Elle peut se diviser en trois parties : la Polynésie *méridionale*, au-dessous de l'équateur, la Polynésie *septentrionale* au-dessus de l'équateur et la *Micronésie*.

La *Polynésie méridionale* comprend : les îles *Viti* ou *Fidgi*; l'archipel *Hamoa* ou de *Bougainville*; les îles des *Amis*; l'archipel de *Taïti* ou îles de la *Société*; l'archipel de *Pomotou* ou des *Iles basses*; l'archipel de *Nouka-Hiva* ou des *Marquises*, dont les Français ont pris possession en 1842.

La *Polynésie septentrionale* ne renferme qu'un seul archipel, celui d'*Hawaï* appelé aussi îles *Sandwich*.

La *Micronésie* comprend : l'archipel de *Bonin-Simar* ou de *Magellan*; l'archipel des *Mariannes* ou des *Larrons*; le grand archipel des *Carolines*; l'archipel de *Gilbert*; l'archipel d'*Anson* et les *Sporades boréales*, qui comprennent toutes les îles répandues au nord de la Micronésie.

Questionnaire. — Où est située la Polynésie ? Comment la divise-t-on ? Quels sont les archipels que comprend la Polynésie méridionale ? la Polynésie septentrionale ? la Micronésie ?

TABLE DES MATIÈRES.

Avertissement.	v
Notions préliminaires.	7
1. De la terre.	7
2. Des cinq parties du monde.	9
3. De l'Océan.	10
4. Des mers.	11
Définition des principaux termes géographiques.	13
1. Contrée, détroit, golfe.	13
2. Ile, presqu'île, isthme, cap.	14
3. Montagne, plaine, désert.	16
4. Lac, fleuve, rivière, cataracte.	17
Europe. Description physique de l'Europe.	20
1. Etendue et bornes de l'Europe.	20
2. Mers.	20
3. Détroits.	21
4. Golfes.	22
5. Iles.	23
6. Presqu'îles et isthmes.	24
7. Caps.	25
8. Montagnes, volcans.	26
9. Lacs.	27
10. Fleuves et rivières.	27
11. Climat, productions.	29
12. Religions.	30
13. Divisions de l'Europe.	30
14. Noms des habitants des contrées de l'Europe.	31
Contrées du nord de l'Europe.	31
I. Iles Britanniques.	31
II. Danemark.	34
III. Suède et Norwége.	34
IV. Russie.	35

TABLE DES MATIÈRES.

Contrées du centre de l'Europe. 36
  I. France. 36
  1. Bornes. 36
  2. Mers, golfes, détroits. 37
  3. Iles, presqu'îles, caps. 37
  4. Montagnes, fleuves. 38
  5. Canaux et ports. 38
  6. Chemins de fer. 40
  7. Division de la France. 44
  8. Départements formés des six provinces du Nord. 45
  9. Départements formés des six provinces de l'Est. 48
  10. Départements formés des six provinces du Sud. 50
  11. Départements formés des six provinces de l'Ouest. 52
  12. Départements formés des huit provinces du Centre. 54
  13. Des autres possessions de la France. 56
      Colonies. 57
  14. Classification des départements par bassins. 57
  15. Notions diverses sur la France. 59
Gouvernement de la France.— Subdivisions et administration départementale. — Productions, industrie, commerce, agriculture. 61
  16. Gouvernement de la France. 61
  17. Administration civile et ecclésiastique. 62
  18. Des autres administrations de la France. 63
  19. Agriculture, productions, industrie, commerce. 66
  II. Belgique. 68
  III. Hollande. 69
  IV. Suisse. 70
  V. Autriche. 71
  VI. Prusse. 72
  VII. Etats secondaires de l'Allemagne. 73
Contrées du midi de l'Europe. 74
  I. Portugal. 74
  II. Espagne. 75
  III. Italie. 77
  IV. Turquie. 78

TABLE DES MATIÈRES.

V. Grèce.	107
ASIE.	79
1. Bornes.	80
2. Mers, détroits, golfes.	80
3. Iles.	80
4. Presqu'îles, caps.	82
5. Montagnes, lacs, fleuves et rivières.	83
6. Climat, religions.	84
7. Divisions de l'Asie.	85
AFRIQUE.	86
1. Bornes, golfes, détroits.	88
2. Iles, caps.	88
3. Montagnes, volcans, lacs, fleuves.	88
4. Climat, population, religions.	89
5. Divisions de l'Afrique.	90
AMÉRIQUE.	92
1. Bornes, mers, détroits, golfes.	94
2. Iles, presqu'îles, caps, isthme.	94
3. Montagnes, lacs.	95
4. Fleuves et rivières.	97
5. Climat, religions.	98
6. Divisions de l'Amérique.	99
OCÉANIE.	99
1. Détroits, climat, religions et divisions.	101
2. Malaisie.	101
3. Mélanésie ou Australie.	102
4. Polynésie.	103
	103

FIN DE LA TABLE DES MATIÈRES.

www.ingramcontent.com/pod-product-compliance
Lightning Source LLC
Chambersburg PA
CBHW070242100426
42743CB00011B/2098